Beauty Style

石井美保のBeauty Style

Prologue

「色白になりたい」、「パッチリとした目元になりたい」……若い頃の私はコンプレックスの塊でした。もともと、それをなんとかしようとあらゆるコスメやスキンケアを試し始めたのが、私の美容道の始まり。20代まではやみくもに何でも挑戦して失敗もしていたのですが、30歳になる直前、まつ毛エクステをしたことで人生が一変。今までの悩みがウソみたいに細くて短かったまつ毛が一気に印象的になったんです。この日を境に、私の中にずっとわだかまっていた悶々とした霧が嘘みたいに晴れた。そして、「自分に自信が持てると世界がこんなに輝いて見えるんだ」という喜びを、目元にコンプレックスを抱えるすべての人に伝えたいという想いで、麻布十番でまつげエクステサロン「Riche」をスタートしました。現在では、ネイルやエステも網羅した美のトータルサロンに進化した「Riche」。私自身、お客様のアドバイザーとしてサロンに立たせていただく中で、学んだことがあります。それは、綺麗になる努力をすることは、内面や人生をも豊かにするということ。そのことを少しでも多くの方に知っていただけたらと思い、この本の執筆を始めました。

この本の中には、私が40歳になるまでに培ってきた、綺麗になれるコツがつまっています。登場するコスメの量にもテクニックや生活習慣にも「こんなにストイックなの？」と驚かれる方が多いかもしれません。でも、そこでため息をつかないで。何か自分にできそうなことをひとつでも取り入れるだけで、綺麗の階段をどんどん登れるようになるはず。だから、まずは自分のペースでお手入れを始めてみてください。その中で次のステップに進みたいという想いが自然に湧いてきたら、また読み返して参考にしていただければうれしいです。「綺麗になりたい」と願うすべての女性にとって、この本が少しでも力になれますように。

NO. 001 – NO. 014

CHAPTER I SKINCARE

CONTENTS

NO. 015 – NO. 032

CHAPTER II MAKE UP

NO. 033 – NO. 043

CHAPTER III LIFE STYLE

NO. 044 – NO. 058

CHAPTER. VI HEART

CHAPTER I

Skincare

“綺麗な人”を生むスキンケアのルール

どんなにステキなファッションに
身を包んでいても、どんなにメイクが上手でも、
美しい肌に勝る“綺麗”は
存在しないと、私は思います。
それは、いつの時代も、誰の目から見ても、
普遍的な価値観なのではないでしょうか。
だから、人から「ストイックだね」と
言われようと、日々のスキンケアは
必ず念入りにするのがポリシー。
この章では、私が時間をかけて経験し
培ってきた、美肌を育むための
スキンケアのルールをお届けします。

METHOD
NO.
001
/
014

美しい女性には、内面から滲み出るものがあると思います。だから、内面を磨くことはとても大切。人生を通してずっと続いていくテーマですよね。でも、1日で結果が出るものではありません。だったら、まずは外見を磨いてみるのはいかがでしょう。実のところ、自分を一歩前進させたいのであれば、外見を磨くのが

近道だと、私は考えます。想像してみてください。丁寧なスキンケアは日中のお肌をピカピカに輝かせてくれるし、念入りにベースメイクをすると一日中メイクしたてのような綺麗な肌でいられて、誰かから「なんだか、今日ちょっと違うね」って褒められたりすることも。人間って、いい意味でとても単純。それだけで、うれしくなりますよね。そうじゃなくても、自分の中で「今日はなんだかいい感じ」と思えるだけで、その日1日をウキウキ過ごせたりするもの。そうすると、自然と気持ちも前向きになって、心に余裕が生まれる。仕事を効率良くこなせたり、周囲の人に対して寛容になれたりするものです。

　スキンケアやメイクだけじゃなく、ファッションにも同様の効果があります。きちんとしたお洋服を着ると、背筋がしゃんとして立ち居振る舞いが自然と優美になるものですよね。だから、外見を磨くことは、女性としてのステージを上げる上でとても大切なこと。確実に心を豊かにして、結果、相乗効果で見た目も内面も充実した女性に近づけると思うんです。私が「どうしてそこまで?」と聞かれるくらい外見をきちんと整えて日々を過ごしているのは、外見と内面は磨き合っていける。そんな確信があるからなのです。

NO. 001

内面磨きもいいけれど、
外見を磨くことだって大事
だって、内面は外見に連動していくから

年齢を重ねると共に、エイジングサインは少なからず誰の肌にも現れてくるもの。でも、「仕方がない」と諦めてしまったらもはやそこまで。ネガティブな気持ちは一気に女性を女性らしからぬ存在へと誘い、肌はどんどん劣化を進めてしまいます。けれど、反対に、理想の肌を追求する姿勢を持ち続けていたら、案外、肌は持ちこたえて、輝き続けてくれるものなのです。肌と脳の関係は、一般的に思われているよりずっと密接。肌に意識を向け、大事にいたわる気持ちを持っていれば、脳が指令を出して理想の肌を追い求めてくれるようにできていると、私は信じています。だから、毎日のスキンケアにはありったけの思いを込めて、「もっと柔らかいお肌になれますように」、「透明感がアップしますように」、「うるおいに満ち溢れたツヤ肌になれますように」……ｅｔｃ。

　理想の肌をイメージしながらお手入れをすると、細胞がその方向に動き出します。1日で効果を実感するのは難しいけれど、毎日、コツコツと積み重ねていくうちにきっと、肌に思いが伝わったのを感じ取れる日がくるはず。大切な植物にお水をやるような優しい気持ちで、今日から実践してみてください。昨日より今日、今日より明日、明日より明後日。肌は日ごとに輝きを増して、あなたの理想に近づいていくから。

NO. 002

理想の肌を追い求めなくなった瞬間、顔は崩れていく

NO. 003

効果を感じない化粧品には見切りをつける勇気を　そろそろ間違いのない化粧品選びをしませんか？

サロンでカウンセリングをする際に、必ずお客様の使用しているコスメとその効果実感を教えていただくようにしているのですが、「特に良い効果を感じるわけではないんだけど、とりわけ肌に合わないわけでもないから使い続けている」方の多いこと！　どうして〝なんとなく〟使い続けているのかをたずねてみると、ほとんどの方が「もったいないから」とお答えになります。たしかに、購入してから少ししか使っていないのにまた新たなスキンケアコスメを買い直すのは、お金の無駄使いのようだし、物を大切にしていないようで気が引けてしまいますよね。それが清水の舞台から飛び降りるような気持ちで購入した美容液やクリームだったりしたら、なおさらのこと。でも、そんなふうに、もったいないからといって効果を実感できないコスメを使い続ける時間こそが、肌が綺麗になろうとする可能性を奪っているとは思いませんか？

「このスキンケア、うるおいもツヤもでて本当に素晴らしい！」と思えるアイテムでお手入れしていれば、効果をイマイチ実感できない化粧品を使っている時間に、今よりずっと綺麗に飛躍できるチャンスがあったのですから。それに、効果が実感できないコスメでスキンケアをしてもなんとなく気分が乗ってこない。肌の細胞にもその思いが伝播して、ますます効果が半減するような気がするのです。だから、そういう化粧品には潔く見切りをつける勇気を持つことが大切。明日からの美肌を育む第一歩につながると思うのです。

また、コスメが肌に合わなかったときに落胆する気持ちは、私も痛いほどよくわかります。今でこそ自分の肌に合うものを手に取れるようになりましたが、初めて化粧品を購入したあの日から約20年。ここまでくるには、それなりにたくさんの失敗を繰り返してきました。口コミがどんなに良くても、お肌の個性はまさに十人十色。大多数の人が絶賛しているからと言って、必ずしも自分の肌に合うわけではありません。だから、トライすれば何割かの確率でエラーがでるのは、ある程度仕方のないことだと肝に銘じて、探求し続けてきました。実際、失敗を繰り返してきたからこそ、運命のスキンケアに出合えたのだと思います。今でも年に1度くらいは失敗しちゃいますが(笑)。

失敗を回避したい人は、コスメカウンターでビューティアドバイザーの方に相談してサンプルをもらい、2〜3日試して様子を見てみて。その期間になんらかの好感触が得られたアイテムなら、大抵の場合、好相性。それでも使い続けていくうちに肌に合わなくなったら、ボディケアやヘアケアなど、本来の用途以外にリサイクルすれば、コスメを最後まで使い切ることができますよ。

Miho's idea

使わなくなった
コスメはリサイクル

化粧水は100円均一のスプレーボトルに入れれば、ボディミストに早変わり。美容液やクリームは全身の保湿に使えるし、美白美容液はボディの黒ずみケアに効果的。クリームは髪の毛先につければ、ツヤ出しのスタイリング剤になります。購入したコスメが肌に合わないときは、リサイクルしてみては？

NO. 004

何を変えても美肌になれない人は、絶対に洗顔が間違っています

自分の肌に合うコスメで、毎日、丁寧にお手入れをしているのに、イマイチ肌の調子が芳しくない。そんなふうに感じる瞬間はありませんか？　手をかけているのとは相反するように、表面がカサカサしたり、ゴワついてくすんで見えたり、小鼻に赤みが生じていたり、毛穴の開きが目立ったり、触れたらザラつきを感じたり……。ひとつでも当てはまる人は、毎日の洗顔方法が美肌を遠ざけています。

サロンのお客様や周囲の方を見ていると、肌になんらかの不調を感じると「使っている化粧品が合わない」と考えてデパートのカウンターに走る方ばかり。そして、そこでワンランク上のコスメに切り替えたのに肌のコンディションは一向に改善されず落ち込んでいらっしゃるのですが、そういう方はまず、洗顔の方法を見直すべき。実際、サロンのお客様でも洗顔の仕方を改善したことで、翌月、再来店したときに肌質が劇的に変わっている人がたくさん。そのくらい、洗顔が肌に及ぼす影響は多大なのです。自分はそんなことないと感じるあなたも、毎日の洗顔を振り返ってみて。これだけで、案外簡単に肌が格別な美しさを放ったりするものです。正しい洗顔法をマスターすることは、美肌の〝貯金〟となって将来の肌を豊かにしてくれると、私は信じています。

（美肌を遠ざけるNG洗顔方法）

あなたは、こんな間違った洗顔をしていませんか？　9つのタブーから自身の洗顔を見直して。

1

1 —

クレンジング剤を顔の上でぐりぐり塗りつけて伸ばす

→クレンジング剤はあくまで優しく肌になじませてあげるのが基本。こすりつけるのは摩擦によるダメージの原因に。量は規定よりやや多めが適切。

2

2 —

ふき取り式クレンジング剤を乾いたコットンでふき取る

→ふき取りでメイクをオフするタイプのクレンジングを使うときは、必ずコットンがひたひたになるまで含ませて、肌をなでるようにメイクとなじませて。

3

3 —

洗顔フォームを顔の上で泡立てる

→洗顔フォームは泡になってはじめて肌にのせてもOKな優しさに。肌の上で直接泡立てるのは、刺激物で肌をこすっているようなものです。

4

4 —

泡立てた洗顔フォームを顔の上でゴシゴシこする

→泡立てた洗顔フォームは手と肌の間で優しく転がすようにするだけで十分汚れを吸着。ゴシゴシするのは摩擦による色素沈着と乾燥の原因に。

5

5 —

洗顔フォームをすすぐとき手をザブザブと動かす

→これもやはり、肌をこする行為にあたります。すすぐときはぬるま湯を優しく肌にかけるくらい、繊細に。手を触れるなんてもってのほかです。

6

6 —

熱めのお湯ですすぐ

→洗顔は水かぬるま湯ですすぐのが大前提。ここでいうゆるま湯とは冷たすぎないお水に近い温度、30℃くらいがベストです。熱いシャワーを直接かけるのはもってのほか。

7

7 —

タオルで水気をふき取るときに肌をこすってしまう

→すすぎ終わった後、顔の水気を取るときも摩擦はご法度。ポンポンと優しく顔にあてて水気を取って。タオルもなるべく肌触りの良いものを。

8

8 —

洗っても落ちきらなかったメイクをタオルでふき取る

→アイメイクなどクレンジングしても残ってしまったメイクは、綿棒で丁寧にオフ。タオルで無理矢理落とすと、肌に摩擦によるダメージが。

9

9 —

アイメイクをオフするときコットンを肌に押しつける

→ポイント用メイクアップリムーバーは、コットンにたっぷり含ませて目の上にのせて。ただでさえ繊細な目元の皮膚に摩擦を加えるのはタブー。

正しいクレンジング&洗顔の仕方

肌をできるだけいたわりながら、汚れをきちんと落とすためのステップを愛用品と共にご紹介。

正しいクレンジング&洗顔のポイントは、すべての工程で〝こする〟行為を取り除くこと。そうお話しすると、大抵のお客様は「私、こすってなんかいません」とおっしゃるのですが、実際にいつもしている洗顔法を見せてもらうと、無意識のうちに肌に摩擦を加えている方がほとんど。あなたもこの機会に見直して。

洗顔料の泡の量や手の動かし方など、ルールはいくつかありますが、一貫して言えるのは、肌をできるだけ優しく扱ってあげることが大切だということ。繊細なレースでできたシルクの下着を大切に洗うようにと言ったら、わかりやすいでしょうか。

（右から）「すすぎのとき、洗面器にお湯を張ってたらすと肌も心もほぐれます」。ジャネス ローザ アロマチック ドロップ 30ml ￥4,500／シンシア・ガーデン

「余計な角質を取り去ってクリアな肌に。キメも整います」。リセット クレンジング エマルジョン 150ml ￥4,000／SUQQU

「すすぐと美容液をつけたあとみたいに肌がもっちり」。トリートメント クレンジングミルク 200g ￥3,000／カバーマーク

「肌がご機嫌ナナメな日も安心の低刺激。泡立て不要でお手軽」。リセット ウォッシュ 200ml ￥3,000／アクセーヌ

「なじませるだけ。W洗顔不要のクレンジング」。パーフェクショネール クレンジングフォーム 150ml ￥4,280／エール

「素早く泡立ち、濃密な泡のクッションで洗える。洗い上がりの肌がしっとり」。B.A ウォッシュ 100g ￥10,000／ポーラ

how to make off

1

1 —
顔全体にクレンジング剤を優しくなじませたら、ぬるま湯ですすぐ。まず顔の前面に10回、手でぱしゃぱしゃとぬるま湯をあてて。

2

2 —
2と同じ要領で顔の側面もすすぐ。顔を横に傾け、ぬるま湯を手で左右に5回ずつあてる。ここでいうぬるま湯＝“冷たくない水”のこと。

3

3 —
1、2と同じ手の動かし方で、おでことあごにもぬるま湯を5回ずつかけて、クレンジングをすみずみまで抜かりなくオフ。

4

4 —
ダブル洗顔が必要な場合はこの後に洗顔をする。使用する洗顔フォームの泡の量は卵1個大が目安。

5

5 —
皮脂が気になる部分から順番に泡をのせ、手と肌の間にできた泡のクッションをそっと転がすように顔全体になじませていく。泡に汚れを吸着させて。

6

6 —
クレンジングしてもメイクが残りがちな目元は泡を3〜5秒のせて、念入りに汚れを吸着。こすらず、のせるだけに徹して。

7

7 —
1〜3と同じ手順で洗顔フォームをすすいだら、肌触りの良いタオルをそっと顔にあて、水気を優しくオフしてフィニッシュ。

ふき取り式
クレンジング剤を使う場合

2枚重ねにしたコットンに、たっぷりクレンジング剤を含ませ、優しくなでるようにふき取る。そのあと必ず水かぬるま湯ですすぐこと。

マスカラの正しい落とし方

コットンを下まぶたの輪郭に沿ってあてて肌をガード。綿棒に含ませたリムーバーをまつ毛の根元から毛先に向かってなじませてオフ。

←

マスカラがひと通り取れたら、水で濡らした綿棒で、肌の上に残っているリムーバーを優しく拭う。このひと手間で下まぶたの乾燥を回避。

お湯で落とす
タイプの場合

指をお湯で濡らして親指と人差し指の間にまつ毛をはさみ、マスカラをまつ毛から浮かせて落とす。しっかり落ちるまで何回も繰り返して。

（右から）「丸いシートにリムーバーがひたひたに。美容オイル配合ですっきり落ちるのに乾燥知らず」。ベネフィーク セオティー　アイメーキャップリムーバー［ラッシュケア］ 25枚入×2袋 ¥2,500 ※編集部調べ／資生堂　「弱酸性の水、油、二層式。しっかりメイクもすっきりリセット。なのに優しい使い心地」。ビファシル 125ml ¥4,500／ランコム　「ウォータープルーフのメイクもするりとオフ。保湿成分も贅沢に」。アイ＆リップ メイクアップ リムーバー 125ml ¥5,500／ゲラン

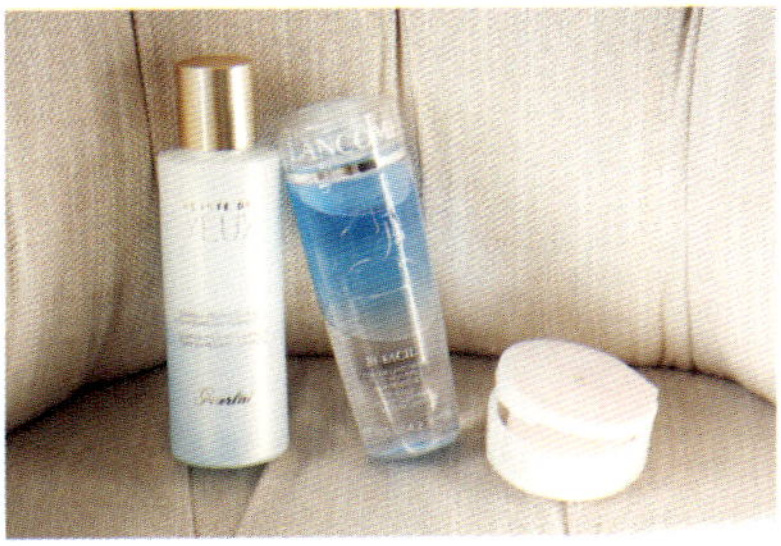

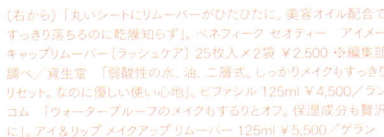

NO. 005

心ががさがさしているときは、とっておきのケアで自分を優しくいたわって

（写真上、右から）「毛穴の奥の頑固な汚れまですっきり。ダブル洗顔不要のふき取り式のウォータータイプ」。クレンジングウォーター 200ml ￥7,000／ゲラン

「濃厚でとろけるようなテクスチャー。クレンジング中の気持ちが自然とうっとり」。ＢＡ クレンジングクリーム 130g ￥10,000／ポーラ

「ポイントメイクも浮かせて、肌をしっとりクリアに」。AQ ミリオリティ リペア クレンジングクリーム 150g ￥10,000／コスメデコルテ

（写真下、右から）「まるで魔法みたいに輝きとうるおいを取り戻してくれる。週1回の睡眠パックに」。オーキデ アンペリアル ザ マスク 75ml ￥46,000／ゲラン

「美容成分を余すことなく届けて1度で輝くハリ肌に」。VQ ホワイトニング エッセンス マスク［医薬部外品］38ml×1セット ￥2,500／イグニス

「洗い流し不要の夜用マスク。朝の肌がピンと上向きに。不要な角質もケア」。ラ・プレリー スキンキャビア 50g ￥20,500／ラ・プレリー ジャパン

落ち込むことがあったり、心が折れそうになった日の夜は、とっておきのケアでつるんとしたお肌を手に入れてみるのはいかが？　角質やくすみなど、美肌の妨げになるものはラグジュアリーなクレンジングクリームで優しく優しくオフ。すすぎにＰ22で紹介しているアロマチックドロップを入れた洗顔で頭の中も和らげてあげると、心が一層晴れやかに。仕上げに、お気に入りのマスクで美容成分をたっぷり浸透させて。こうしてツヤツヤの肌になれたら、自然と気持ちが前を向いてくれるから、不思議。ただし、念入りクレンジングはやりすぎると肌が薄くなってしまう可能性があるので、2週間に1回くらいが目安。

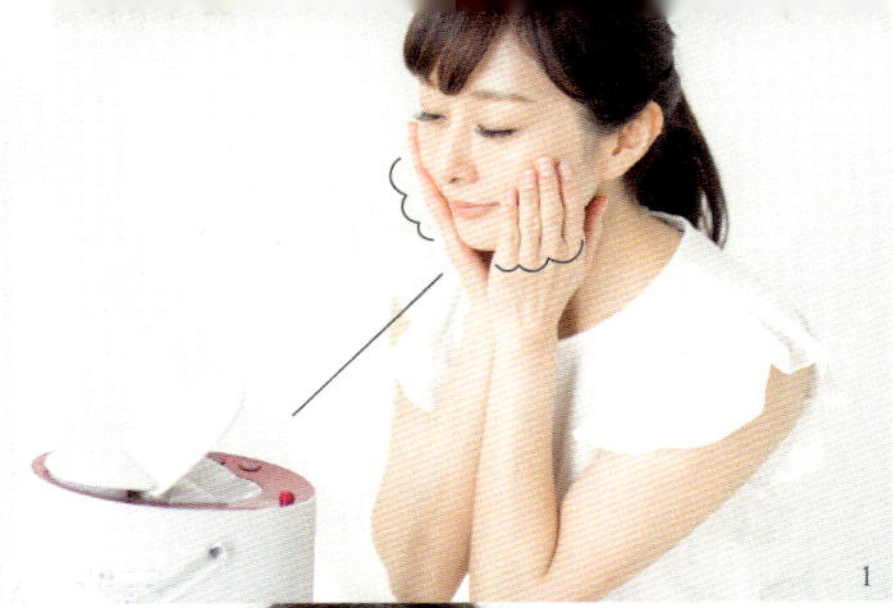

1

2

3

4

5

1 ― スチーマーの蒸気で、メイクを浮かせる。顔より20cm離してあごにあて、そこから1回バウンドして全体に回すイメージ。約1分間。

2 ― ティッシュを半分にたたんで顔に優しくのせ、スチーマーの水気をオフする。肌に触れるか触れないかくらいがジャスト。

3 ― 目のキワは避けて、クリームタイプのクレンジング剤をたっぷり顔になじませる。

4 ― コットンを2枚重ねて水でひたひたにしたら、顔にのせたクレンジング剤をふき取っていく。力をかけず、吸いつかせるように優しくオフ。

5 ― 洗い流しが必要な場合は、最後に洗顔を。洗顔フォームを卵1つ大に泡立てて、手と肌の間で優しく転がすように顔全体になじませる。丁寧にすすいだら完了。

（ 肌と心をいたわる スペシャルクレンジング ）

ラグジュアリーなクレンジングで丁寧なひとときを。
週に1回の特別な時間は、肌だけでなく心の栄養にも。
その後のスペシャルマスクも効きめアップ。

Miho's advice

タオルにもこだわって

柔らかでしっとりとした肌触りのタオルで洗顔後の水気を取ることは、摩擦の軽減につながります。実際、肌が見違えますよ。

（右）超甘撚り フェイスタオル ベビーピンク ￥2,500／テネリータ（左）今治タオルのドリームタッチフェイスタオル／本人私物

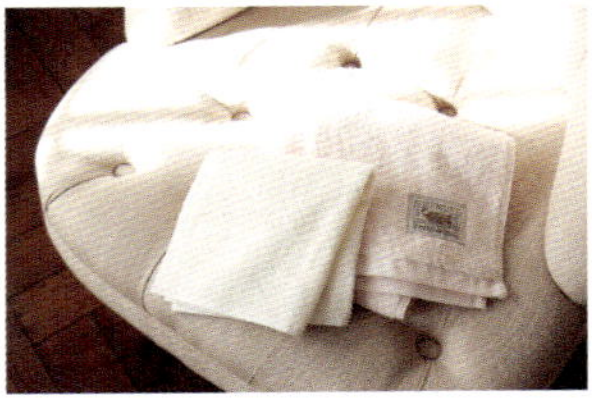

NO. 006

乳液なくして美肌は語れません

肌の乾燥に悩んでいる方に、「どんなスキンケアをするように気にかけていますか？」と質問すると、ほとんどの方が胸を張って「化粧水をたっぷり使って保湿しています」と回答するのですが、実は、それだけでは肌はうるおいを取り戻してはくれないのです。では、どうしたらいいの？ と聞かれれば、ズバリ、乳液の力を借りることだと、私は考えます。

仕事柄、肌が綺麗な人を分析させていただくことが多いのですが、美肌だな、と感じる人は、水分と脂分のバランスが驚くほど適正な比率に保たれているのです。理想は、水分70％：脂分30％。どちらかが多すぎても、欠けてもダメ。この美肌の黄金バランスを目指してスキンケアを頑張ると、肌はおのずと美しく育つようにできています。

そこで必要なのが、乳液。エマルジョンと言って、水分と油分が混ざり合ったスキンケアコスメのことを指します。どういうわけか、乳液は「ベタつくのがイヤ」とか「クリームやオイルを使っているからそれ以外の油分は必要ない」と敬遠されることが多いのですが、私から言わせれば、乳液を使わずに美肌を目指したいだなんて、甘いものをたらふく食べて痩せたいと言っているのと同じくらい、ナンセンスなこと。先につけておいた化粧水と乳液

01「肌がピンチのとき一発逆転してくれます。うっとりするテクスチャー」。エクス・ヴィ ミルク 200g ￥18,000／アルビオン

02「植物の恵みがリッチに。美容液みたいな質感」。シスレー エコロジカル コムパウンド 125ml ￥23,500／シスレージャパン

03「肌が敏感に傾いたときに」。ミノン アミノモイスト モイストチャージ ミルク 100g ￥2,000※編集部調べ／第一三共ヘルスケア

04「クリアになるのを実感できます」。エクサージュホワイト ピュアホワイト ミルク III［医薬部外品］200g ￥5,000／アルビオン

05「細胞が整列する感覚が好き。私は冬に愛用しています」。セルジェニー エマルジョン 200ml ￥7,000／コスメデコルテ

の中の水分が混ざり合って肌の内側にうるおいを浸透させながら、与えたうるおいを油分が留めてくれるので、肌がもっちり、ツヤツヤに。ゴワつきをほぐしてふっくら整えてくれるのも、乳液のいいところです。ここまで力説しても「乳液を使うのが面倒くさい」と感じる人は、ぜひ、化粧水と乳液が一体化したアイテムの力を借りてみて。きっと、乳液の素晴らしさに開眼するはず。

01
SUQQU

02
ÍPSA

Miho's point

乳液入りの化粧水なら
お手入れがワンステップで

ステップが増えて面倒という方は、乳液と化粧水が一体化したタイプのコスメを使ってみるのはいかが？乳液特有のベタつきが気になる人も抵抗なく取り入れられるはず。肌が変わってくると、乳液の素晴らしさを実感して、きっと、本格的に取り入れたくなる。

01「化粧水の中に微細な乳化粒子が分散」。モイスチャー ローション[医薬部外品] 150ml ¥8,000／SUQQU　02「細胞ごとうるおいとハリで満ちた肌に。肌質に合うものを選べるのがうれしい」。メタボライザー ME エクストラ4[医薬部外品] 175ml ¥7,500／イプサ

NO. 007

夜のじっくりケアよりも、
朝の20分ケアが美肌を作る！

STEP.1 導入液

↓

STEP.2 化粧水

↓

STEP.3 美容液

↓

STEP.4 目元美容液

↓

STEP.5 乳液（P.26を参照）

↓

STEP.6 クリーム

おやすみ前にじっくりスキンケアをすることももちろんあるけれど、朝と夜どちらか一方に時間をかけるとしたら、私は断然、朝派！夜は、寝具を清潔にして寝室を加湿しておきさえすれば肌にとって劣悪な環境ではないため、最低限のケアで十分まかなえると思うんです。でも、日中は違う。空気の乾燥、紫外線、大気の汚れ、空調……。私たちの肌を取り巻く環境は日に日に過酷になっていますよね。だからこそ、朝のきちんとしたお手入れは必要不可欠。外的要因から肌をプロテクトしながら、終日、綺麗な肌をもたらしてくれるのですから。それだけではありません。水分と油分をミルフィーユのように薄く何層にも重ねることで、肌の水分と脂分が適正に保たれた、ふっくらツヤツヤの肌に。その上に重ねるメイクのノリも各段にアップ。日中、メイクがヨレたりすることがほとんどなくなります。このような理由から、どんなに忙しい日でも、朝は20分かけてじっくりスキンケアをするのが私の習慣です。

導入液、化粧水、美容液、目元美容液、乳液、クリーム。6つのステップで使用するアイテムはジャンルごとに複数あって、どれも期待できる効能が異なります。そして必要に応じてスキンオイルを。その日の肌のコンディションを目で見て、手で触れて確かめながら使うコスメを選ぶことも、朝の大切な儀式です。

Step.1

導入液

洗顔後のまっさらな肌にまずなじませてあげることで、
この後重ねるスキンケアコスメの
浸透がより良くなるように助けてくれる。

01「植物幹細胞エキスを配合。サラサラ」。FTCステムイン ブースター プレミアム 30ml ￥8,200／FELICE TOWAKO COSME

02「コレ1本でものすごいリフトアップ効果が期待できます」。モイスチャー リペア エッセンス N 50ml ￥12,000／SUQQU

03「肌が疲れていると感じた日の1本。浸透力が素晴らしい」。トワニー タイムリフレッシャー t　60ml ￥5,000／カネボウ化粧品（トワニー）

04「私が初めて購入した導入液がコレ。保湿力が高くてキメが整列」。コスメデコルテ 化粧液 40ml ￥10,000／コスメデコルテ

Step.2

化粧水

質感がリッチなものから肌が揺らいだ日のための
優しいものまで、バリエーションを
豊かに揃えて、その日、肌が欲しがるものを。

01「手で入れ込むうちにみるみるハリ感がアップ」。セルアドバンスト ローション WR 150ml ￥10,000／カバーマーク

02「ビタミンC入り。くすみが気になる日はコレで透明感を」。ケイカクテルVローション 150ml ￥7,000／ドクターケイ

03「さらさらの質感とつけた後のしっとり感が絶妙」。リポソーム トリートメント リキッド 170ml ￥10,000／コスメデコルテ

04「ネーミングにKOされました。素晴らしい保湿力」。トランスダーマ スーパーウェット 120ml ￥9,000／アルロン・ジャパン

05「肌がハリのネットで支えられる」。ラグジュアリー・デ・エイジ リフティングローションV 120ml ￥6,000／アンプルール

06「植物性セラミドで肌がふっくら。マイルドな使い心地」。モイスチャライジングローション 150ml ￥3,200／エトヴォス

07「日中の肌が乾かないし透明感も出る。コスパが良すぎる！」なめらか本舗 しっとり化粧水 NA 200ml ￥900／常盤薬品工業

08「肌がどんなに窮地に立たされていても、ベストコンディションに導いてくれる」。B.A ローション 120ml ￥20,000／ポーラ

Step.3

美容液

自分が理想とする肌に対して足りない要素を
補ってあげるのが美容液の役割。
対策別のグループの中でも目的を細分化。

for マルチ対策

05「粉を吹くほど乾燥する日も一度でふっくら。水分と油分のバランスが絶妙」。ダブル セーラム 50ml ¥15,000※2016年4月1日より／クラランス

06「包括的にエイジングケア。鏡を見るのが楽しくなる」。シスレイヤ ラディアンス コンセントレート 30ml ¥50,000／シスレージャパン

07「肌がお疲れモードの日は癒しながらトリートメントするのが習慣。自然由来成分」。ヨンカ セラム 15ml ¥7,600／ヴィセラ・ジャパン

08「肌からくすみが抜けて少女に戻ったように」。スイス・パーフェクションRS－28 セルラーRセラム 30ml ¥32,000／日本スイス・パーフェクション

for キメ対策

03「さっぱりとした使い心地でゴワつきやカサつきをなめらかに。洗顔後すぐに」。ジェニフィック アドバンスト 30ml ¥10,000／ランコム

04「キメがピシッと整列する」。プロディジー リバーシス シュールコンセントレイト 30ml ¥33,000／ヘレナ ルビンスタイン

for シワ対策

01「ソフトフォーカス効果で小ジワもつるん」。No7 プロテクト＆パーフェクト インテンアドバンストセラム／Boots（本人私物）

02「全体がシワっぽいときの切り札。首の深いシワまでふっくら」。ラ・プレリー AG レスポンス ブースター 50ml ¥33,100／ラ・プレリー ジャパン

for ハリ対策

12「実力派オーガニック。香りもステキ」。イブニングプリムローズ ファーミングコンセントレート 30ml ￥6,200／ヴェレダ・ジャパン

13「ほっぺに天使の輪ができるほどツヤが」。ラグジュアリー・デ・エイジ リジュリューションV 32ml ￥11,000／アンプルール

14「うるおい×キメの整列で肌にオーラが。もう8本目」。エクシア AL ヴィーナス フリュイション 40ml ￥38,000／アルビオン

for たるみ対策

09「あごや口元のたるみが気になったときのお助けアイテム」。リフト アフィーヌ トータル V セラム 50g ￥8,600※2016年4月1日より／クラランス

10「肌の内側を筋トレしたような引き上げ感」。スカルプトウェア モイスチャーリフト セラム 30ml ￥8,500／クリニーク

11「まろやかなテクスチャーで肌がパンとする」。ソフィーナ リフト プロフェッショナル ハリ美容液 40g ￥5,500※編集部調べ／花王ソフィーナ

01「清涼感×光パールがまなざしを明るく照らしてくれる」。ザ・イルミネーティング アイ ジェル 15ml ¥16,500／ドゥ・ラ・メール

02「ジェルのテクスチャーが快適。まぶたがしぼんでいる日に」。 ヨンカ アルファ コントゥール 15ml ¥6,000／ヴィセラ ジャパン

03「ヒト型セラミドが目元のバリア機能をアップしてくれる」。バイタライジング アイセラム 15g ¥4,500／エトヴォス

04「まぶたが腫れぼったい日になじませると、途端にすっきりします」。リフトアフィーヌ アイ 20ml ¥6,000※2016年4月1日より／クラランス

05「洗顔後すぐに使う目元用の導入液」。ラ・プレリー スキンキャビア エッセンス アイコンプレックス 15ml ¥15,500／ラ・プレリー ジャパン

06「軽やかな質感、メイク前に使ってもヨレ知らず」。クリニーク スマート カスタム リペア アイトリートメント 14g ¥7,000／クリニーク

Step.4

目元美容液

目元のくすみや小ジワが特に気になる日は
クリームやオイルの油分でフタをする前に
専用の美容液をはさんで、まなざしを整えます。

01「洗顔後の肌に。肌がもっちり」。エクシア AL シークレット フォーミュラ オイル エメラルド 30ml ¥10,000／アルビオン

02「はちみつの癒やしを肌に。ファンデーションに入れてしっとり感を足すことも」。フェイスオイル 30ml ¥11,000／HACCI

03「肌をさっぱりさせたいけどうるおいも欲しい日に登板」。クリニーク スマート トリートメント オイル 30ml ¥8,000／クリニーク

04「ゴワつきをほぐしてふわっと柔らかに」。プロディジー セイクリッドオイル 30ml ¥20,000／ヘレナ ルビンスタイン

05「シェイクして使用。肌や化粧水との親和性が高く、ツヤもでる」。ザ・リニューアル オイル 30ml ¥27,000／ドゥ・ラ・メール

Step.5

乳液

→P.26を参照

Step.6

クリーム

肌に美容成分を惜しみなく注いで、
これまで入れたスキンケアを
肌にきちんと留めてくれる、大トリ。

01「夏枯れや老けを巻き返せる。年に1度のご褒美」。AQ ミリオリティ インテンシブクリーム 45g ￥120,000／コスメデコルテ

02「バームみたいなこってり感で肌にうるおいのバリアが登場」。クリーム コンセントレーション 30g ￥35,000／オピアス

03「皮脂不足によるカサつきが気になる日に。コクとローズの香りにうっとり」。エクス・ヴィ ギンザ 40g ￥85,000／アルビオン

04「乾燥による小ジワを撃退」。ラ・プレリー スキンキャビア ラックス クリーム（モイスチャライザー）50ml ￥49,600／ラ・プレリー ジャパン

05「ハリが欲しい日はコレ。のびやかなテクスチャーも好き」。セルアドバンスト クリーム WR 30g ￥15,000／カバーマーク

06「日中のダメージを修復。翌朝の肌を待ち侘びてしまう」。シスレイヤ インテグラル 50ml ￥49,000／シスレージャパン

07「プルプルで気持ち良い。肌が水分を飲み込んでいく感覚」。クリニーク モイスチャー サージ EX 29g ￥4,500／クリニーク

08「肌にハリを与えながら透明感をアップ」。ソフィーナ アルブラン 薬用バイタライジングクリーム III 40g ￥10,000[医薬部外品]／花王ソフィーナ

09「細胞レベルで肌がハリとうるおいで満たされるのを応援。ラインで使うとより高い効果が」。B.A クリーム 30g ￥32,000／ポーラ

Option

オイル

今日はとりわけ肌が乾いているように感じたら、
そのときこそがオイルの出番。
洗顔後、導入液の代わりにすることも。

（ 朝20分のパーフェクトケア ）

日中の肌を美しく見せながら外的刺激から守り抜き、メイクのノリも格段にアップさせてくれる。
朝のひと手間が明日の美肌につながります。すべての工程を手でするのは、肌の様子を“触診”する意味合いも。

1

化粧水を手のひらで入れ込む ×10 回

化粧水を手に取って、ハンドプレスでじっくりと押し込んでいく。これを10回繰り返す。入り切らなくなったら、その時点で終了してOK。

2

口角からこめかみに向かって肌をのばしていく

指でほうれい線を上に引っ張った状態で、美容液をなじませて肌アイロン。シワがアイロンをかけたみたいにピンとして、肌がリフトアップ。シワが寄らないように鏡を見ながら。赤ちゃんをなでるような優しい圧で行って。

4

指を下まぶたにあてて、肌への浸透を高める

中指と薬指を揃えて、目元美容液を目の下に優しく押し込む。2〜4の工程は、この後乳液を塗る場合も同様に繰り返す。

5

クリームを手のひらになじませて温める

クリームを両手のひらになじませて人肌に温める。このひと手間で、肌との親和性が高まって、クリームの美容成分がより肌に浸透。

7

頭皮をマッサージして浸透率をアップ

指の腹で頭皮をプッシュして、マッサージ。顔の回りの血行をスムーズにして、スキンケアの美容成分がより浸透するように助ける。4本の指の腹を使ってこめかみから頭頂部に向かって老廃物を流すイメージでマッサージ。

8

頭頂部から首の後ろまで指で押し流す

続いて、頭頂部から首の後ろに向かって流す。顔のもたつきがすっきりしてよどみのない輪郭に。

Miho's advice

メイク崩れは
こうしておけば防げます！

そもそもメイクが崩れてしまうのは、肌の水分と油分のバランスが整っていないから。朝、メイクをする前のスキンケアの時間に、化粧水、美容液、乳液、クリームを正しい順番で、ミルフィーユみたいに薄く丁寧に重ねていくことで、肌のコンディションはほぼベストな状態に。パーフェクトな土台にメイクをすれば、綺麗に密着。日中、水分や油分が不足することもないから、メイクしたての美しさが長続きするというわけです。

3

目尻のシワを肌アイロン

下目尻の小ジワがでやすいゾーンも、手で肌を引き上げてシワをピンと張った状態にしてから美容液をなじませる。シワが寄らないように鏡を見ながら。赤ちゃんをなでるような優しい圧で行って。

6

手のひらで顔を包み込み、じっくりと押し込む

人肌に温めたクリームを、手で顔全体を優しく包み込むようにしながら肌になじませる。こすらず、じっくりとスタンプを押すように。

9

メイクに進むときは一度ティッシュオフ

1〜2分おいて、クリームが浸透し終わるのを待つ。時間がなくすぐにメイクを始めたいときは、ティッシュでベタつきをオフ。

NO. 008

透明感と白さが若さをキープする

03
アンプルール
ラグジュアリーホワイト
コンセントレート HQ110

「私の中で、塗るレーザー医療という位置づけの夜用集中美容液。シミや吹き出物のあとの色素沈着が気になるところに塗ると、日を追うごとに薄くなって、周囲の肌になじんでいきます」。11g ¥10,000／アンプルール

02
アンプルール
ラグジュアリーホワイト
ブライトニングバー

「本来は洗顔料なのですが、くすみが気になるときはこれで泡パックをするのがお決まり。泡立てて顔にのせ、1分くらいおいて洗い流すと、肌のくすみが抜けるんです」。80g ¥3,000／アンプルール

01
エクシア AL
ホワイトニング
イマーキュレートエッセンス

「美容液を超えて塗る美白マスク級の効果を実感。南国へ旅するときは、フライトの1週間前から使い始めて予防線を。ミニサイズなので携帯にも便利」。[医薬部外品]1.5ml×28個 ¥25,000／アルビオン

06
B.A
ザ ローションS

「しゃばしゃばしたつけ心地が爽快で夏がくるたびにスタメンに。糖化による黄ぐすみやにごりをはらって肌をクリアに。夏バテ肌の救世主です」。[医薬部外品]120ml ¥20,000／ポーラ

05
ホワイトショット CX

「肌が黄色くくすんできたように感じたら、即投入。一気にトーンアップしてくれるパワフルな美容液。保湿力が高く、日中の肌が乾きにくいところもお気に入り」。[医薬部外品] 25ml ¥15,000／ポーラ

04
ホワイトショット SX

「シミなど点の美白に愛用。寝る前に気になる部分に塗布するとシミがぼんやり。2本目に突入した頃にはコンシーラーがいらなくなってきた。とまりもいい」。[医薬部外品]20g ¥12,000／ポーラ

何を隠そう、私、地黒なんです。中学生の頃まではクラスの女のコの中で1、2を争う色黒で、ずっとコンプレックスを抱えて生きてきました。だから、美白コスメに目覚めたのも随分早かったし、20代の頃はUVカットと美白に命をかけていました。その努力が報われたのか、昔に比べて肌色が何トーンも明るくなったのですが、ここへきて、わかったことがもうひとつ。それは、本来の色の白さよりも透明感が物を言うということ。そして、透明感は見ためを若々しくみせてくれるという事実。肌の色素は生まれつきのものなので変えるのは難しいけれど、毎日のスキンケアできちんと保湿をして、美白を意識していれば、透明感は着実にアップ。色黒さんも諦めないで頑張って。

NO. 009

老けは口元からやってくる！

口元は、エイジングサインの出やすいところ。年を重ねると共に皮膚が薄くなり、シワが目立ちやすくなり、口角も下がり気味に。また、唇が乾燥してパサパサと皮がむけていると、なんだかだらしなく、不潔にうつってしまい、印象が一気に老け込んでしまう。唇は誰かと会話するとき、目と同じくらい動きを見られるパーツだからこそ、こまめにケアしたいところ。

まず、取り入れたいのが口角のトレーニング。この後に紹介するエクササイズの他にも、おでかけ前に鏡の前でニコッと笑い、口角を上げるのを習慣にしてみて。上向きの口角が自然と形状記憶されるはず。乾燥しがちな唇は、スクラブで余計な角質をオフしてからリップバームをたっぷり塗って保湿すれば、いつでもうるぷるに。日々の意識で、見ため年齢の加速に〝待った〟をかけましょう。

（ 口角トレーニングでリフトアップ ）

簡単なトレーニングで口角は上向きのままキープ可能。
ちょっとした空き時間に取り入れる努力を。

う

い

割りばしを前歯でぎゅっと噛んで30秒キープする。割りばしの線より口角が上にくるよう意識して。その後「い」「う」「い」「う」の動きを30秒繰り返す。鏡を見ながら行うと◎。

スクラブを唇の上にのせて指でくるくるなじませ、余計な角質をオフ。水を浸したコットンでふき取り、リップクリームをたっぷり重ねる。

（ 週2回のスクラブでうるぷるリップを死守 ）

唇はターンオーバーが早く、角質がたまりやすいパーツ。
適宜スクラブで取り去って、ぷるんとした状態に。

05 Elégance

03 VECUA Honey

02 GIVENCHY

04 SUQQU

06 SISLEY

01 DR.HARRIS

01「清涼感が気持ち良くて気分もすっきり」。ディー・アール・ハリス リップバーム ￥1,200／イー・エフ・インターナショナル　02「リップバームとゴマージュのセット」。ソワン ノワール リップ ￥12,000／パルファム ジバンシイ[LVMHフレグランスブランズ]　03「シュガーと植物種子でできたマイルドタッチのスクラブ」。ワンダーハニー 唇とろ蜜ゴマージュ 14g ￥1,200／ベキュア　04「コクのあるテクスチャーで唇の上にしっかりとどまってくれるから、ベッドに入る前に塗ることが多いです」。リップ コンセントレイト バーム ￥5,000／SUQQU　05「唇がぷるっぷるに。うるおいのヴェールを形成してくれるから、リップベースとしても活躍」。ハイドロチャージ リップバーム ￥4,000／エレガンス コスメティクス　06「飛行機の中など過酷な状態にも動じない保湿力。フィット感も素晴らしい」。バーム コンフォール ￥7,200／シスレージャパン

NO. 010

伸ばして消えるシワは“肌アイロン”でなくせます

人生を重ねていくと、どうしてもシワが増えますよね。ただでさえ乾燥からくる皮膚のたるみによるシワが避けられなくなるのに、悩みごとがあって眉間や口角に〝表情ジワ〟を作ってしまうことも多々。よく笑うがゆえに目尻にできるシワはまだしも、それ以外は、ないならないに越したことはないですよね。でも、「一度できたシワを消すなんてムリなのでは？」というネガティブな考えが頭の中をよぎったあなた。答えはＮＯです。アイロンをかけるように肌をまっすぐならしてあげれば、肌は驚くほどピンと伸びてくれますよ。

やり方は簡単。毎日のスキンケアのときに、シワが気になる部分を指で伸ばしながら化粧品を浸透させるだけでいいのです。これを使うアイテム、ステップごとに繰り返すうちに、シワは周辺の肌ごとふっくらと持ち上がってくるはず。

また、老廃物のたまりもほうれい線などのシワをたるみを招く原因となるので、要注意。気になったら、Ｐ42を参照にリンパをきちんと流してあげるようにしましょう。ただし、洗顔や他のスキンケアと同様、ここでもこすらないことが絶対条件。美容液や乳液をたっぷりなじませた手で、シワの上を内側から外側にズラしながら優しくもみ込んで流していく肌アイロンが有効的です。

今より小顔になりたくて、グイグイ強い力をかけてマッサージをしている人は、今すぐやめてください。リンパを流してむくみや老廃物を流しているつもりかもしれませんが、単純に、肌の表面を奥で支えてくれている筋肉の繊維をつぶしているだけにすぎない可能性があります。筋肉の繊維がつぶれると、肌はへたれて見えるので、その直後は顔が小さくなったようにうつるかもしれませんが、それはあくまで一時的な錯覚。そのうち、確実に皮膚がたるんで輪郭がゆるんでしまいます。そんな間違ったケアを続けた一年後を想像してみたら……それだけで恐ろしくなりますよね。つまり、あなたが顔を小さくできると思っているそのマッサージは、深刻なたるみを引き起こす原因となっているのです。

リンパが流れているのは、表面からとても近い肌の内側。たとえ老廃物がたまっていたとしても、優しくなでるだけで流すことができるため、強い力をかける必要がありません。また、肌に強い圧をかけることは、摩擦にもつながります。こすることは肌の質や色を劣化させてしまう大変恐ろしい行為。

いつまでもハリのあるぷるんとした肌でいるために、グイグイマッサージをする悪習とは、この機会に決別を。

NO. 011

グイグイマッサージは 1年後のたるみの原因に

NO. 012

今日できた首のシワは今日のうちに取りましょう

首のシワは取れないと思っている人。あごをうんと上に上げて、鏡でチェックしてみて。そうして消えるシワなら、セルフケアで消すことができます。日中にできてしまった

顔のスキンケアコスメを手で
首まで伸ばして優しくなじませる

あごを上に向け、
首筋からデコルテまで押し流す

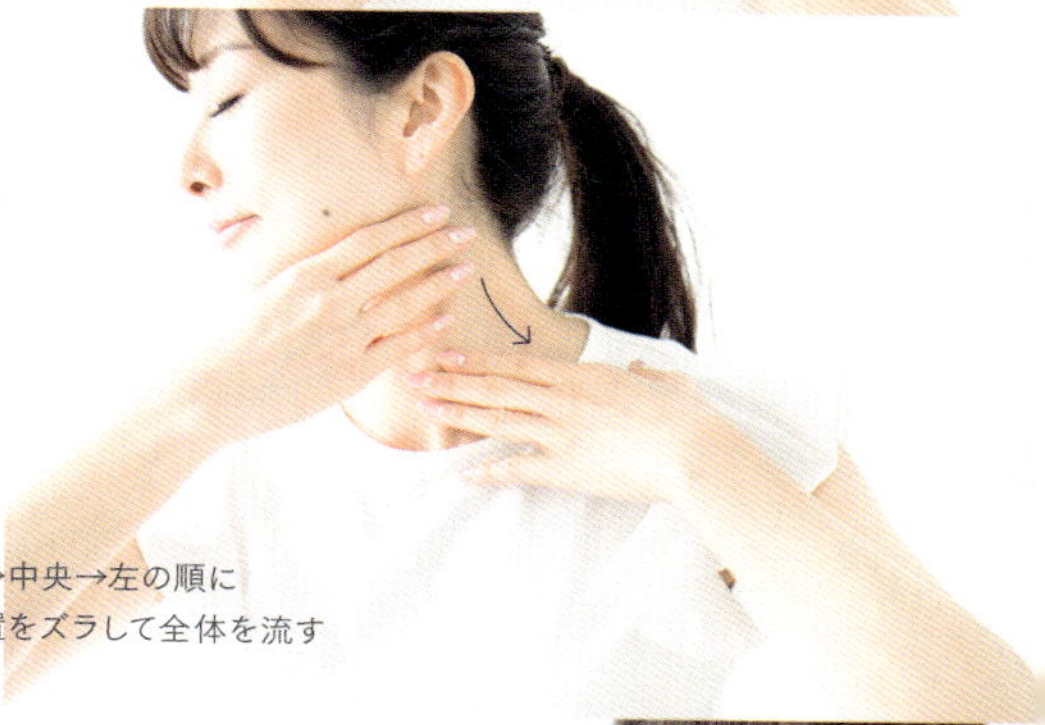

右→中央→左の順に
位置をズラして全体を流す

鎖骨まで流してプッシュ
痛気持ちいいくらいがベスト
シワがなくなったらフィニッシュ

シワは夜に、朝起きて深く刻まれているシワは朝のうちに。その都度、丁寧に保湿しながら肌に〝アイロン〟をかけるように伸ばしてあげれば、驚くほどつるんとするはずです。顔のスキンケアの延長でケアすることを習慣づけてみて。使うアイテムは、顔のスキンケアと同じでも、専用アイテムでも構いません。

また、定期的にスクラブで角質を除去することも大切。首にはシワの間や毛穴に汚れがたまって小さなイボができる危険性もあるので、週に1〜2回は顔用のスクラブでお手入れするように心がけましょう。

ただし、どんなにきちんとケアをしたところで、姿勢を正して過ごさなければ意味をなしません。パソコンやスマホの画面と向き合ってうつむいていると、それだけで首にシワが寄ってしまいます。それを365日繰り返していたら、シワがくっきり刻まれてしまうので、要注意。

Miho's Point

顔用スクラブで首の角質をケア

デコルテから上にスクラブをなじませ、手でくるくるとなじませる。首全体に行き渡ったら、ぬるま湯かひたひたに水を含ませたコットンで拭って終了。

（右から）「ビーズが丸くて肌に刺激が少ないからデイリーに使える」。モイスチャー マッサージ スクラブ 125g ￥6,000／SUQQU

「透明感が上がってデコルテがレフ板みたいに」。ペルル ブラン アクティブ クレンジング フォーム 150ml ￥6,400／ゲラン

「洗い上がりのつるんとさっぱりした感が好きで、20代の頃から愛用」。ジェルスクラブ 100g ￥3,200／RMK Division

NO. 013

お守りコスメは心の安定剤

AQ MELIORITY
エーキューミリオリティ
インテンシブ クリーム

紫外線による夏枯れ、
乾燥による冬枯れにアタック

「目玉が飛びでるくらい高級だけど、効果はやっぱり絶大。UVの影響や外気の乾燥で砂漠みたいにカラカラになってしまった肌さえ、一気に救い上げてうるおいをたたえたツヤ肌へ」。45g ￥120,000／コスメデコルテ

IGNIS
イグニス
コンセントレート エナジスト

突然の吹き出物も
落ち着いて鎮められる

「肌にポツポツと吹き出物ができてしまったときにこの集中ケアエッセンスを塗ると不思議とおさまって、なめらかに。いつも持ち歩いて、メイクの上からも塗っています。自宅でも目につくところにスタンバイ」。7ml×3本 ￥10,000

肌にとっさのトラブルが起きたとき、どうしたらいいのかわからず、あれこれ塗ってみて余計に症状を悪化させてしまったことはありませんか？　そんなときに、すぐに正しい応急処置ができるように、〝お守り〟コスメを持っておくと、それだけで心が安定するもの。乾燥にはコレ、くすみにはコレ……と言うように、肌のトラブルに合わせて処方できるコスメを、自分なりのルールで持っておきましょう。肌の調子が傾いて、突破口が見出せなくなってしまうと、気持ちまで不安定に。その心が症状を加速させてしまう恐れもあるので、その存在意義は非常に大きいと思うのです。ほどなくして治ると思って過ごしていれば、ムダに憂鬱になることもありませんよね。

sunsorit
サンソリット

モイスチャーリフトマスク

肌のコンディションを瞬時に
引き上げて“魅せ”肌に

「バイオセルロースがぷるぷる気持ち良くて、肌にピタッと密着。美容成分が蒸発しないから、肌に必要なものを取りこぼさずに補給できる。リフトアップ効果も期待できるから撮影の前など、ここぞというときに」。¥1,000

DE LA MER
ドゥ・ラ・メール

クレーム ドゥ・ラ・メール

とにかく乾燥が深刻なときは
このクリームの出番です

「濃厚なテクスチャーはクリームというよりバームみたい。肌にうるおいの膜をしっかりと形成して水分が蒸発する隙を断ってくれる信頼の保湿アイテム。岩盤浴のときに肌が乾かないように塗ることも」。30ml ¥18,000

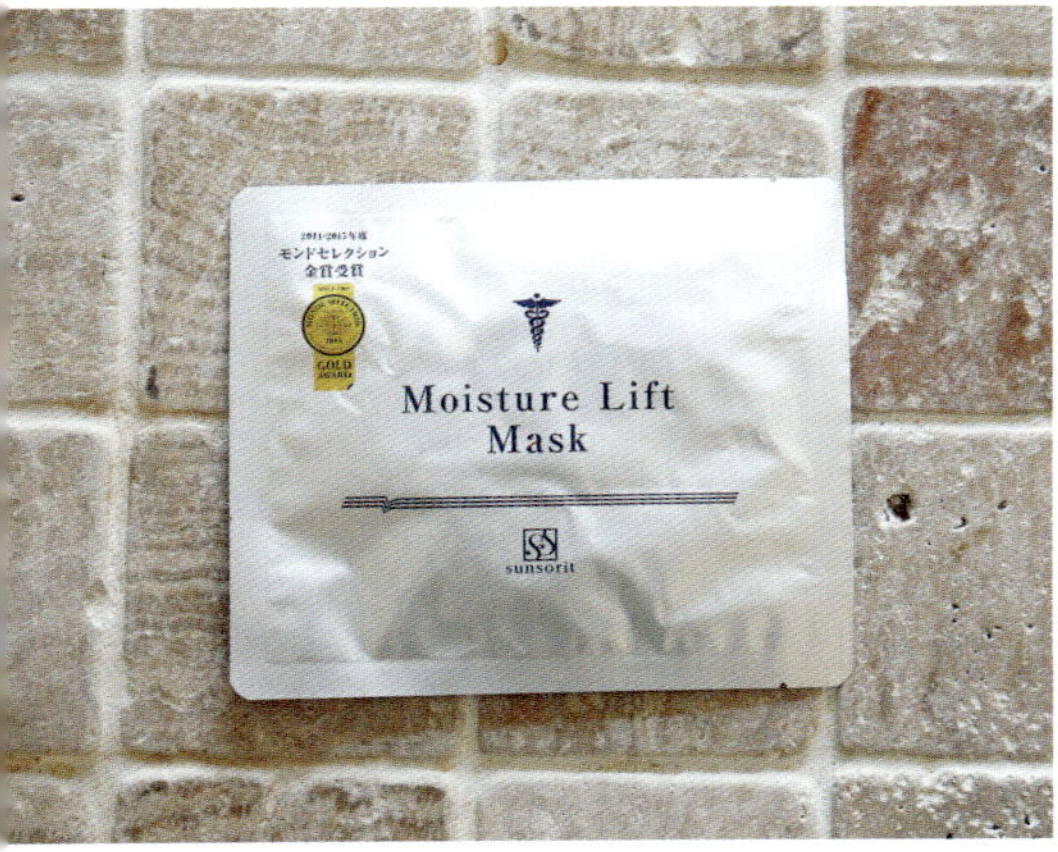

乾燥

カサつきが気になるときは、スチーマーの蒸気で肌を温めながらほぐすようにしています。マスクを塗る前に用いることもありますが、スキンケアをしている最中に浴び続けることも。血行がスムースになるので、肌が美容成分をグングン吸い込んで肌がうるおいでひたひたに。巡りが良くなるので、むくみも軽減できて一石二鳥。

パナソニック
スチーマー「ナノケア」EH-SA64

「ナノサイズのスチームが肌の奥まで浸透して肌をうるおいで満たしてくれます。寝る前にセットすれば、睡眠時間がまるごと保湿タイムに。アロマも楽しめる」。オープン価格

ゴワゴワ

普段からどんなにケアしていても角質がたまって肌がゴワついてしまうことも。朝、鏡で自分の肌と向き合って必要性を感じたら、角質除去用ジェルでソフトピーリング。余計な角質をポロポロと取り去ることで、肌のターンオーバーのリズムを本来の状態に整えてから、朝の20分ケアに突入します。このひと手間で肌がふっくら。

LAKI
角質除去ジェル

「洗顔で肌をリセットしてからなじませると、余計な角質がポロポロとおもしろいほどよく取れる。私は皮膚が薄いので、スクラブ入りのピーリングは避けています」／Belle Vie（本人私物）

NO. 014

肌トラブル別の対処法を知っておく

吹き出物

以前なぜか顔に吹き出物が多発してしまい、病院で薬を処方してもらったらますます悪化。途方に暮れていたときに出合ったのがこの医薬品のローションでした。殺菌作用の高い硫黄の成分が吹き出物を改善してくれると聞いて早速患部にピンポイントで塗ってみたところ、翌朝には肌がなめらかに。医薬品の実力って本当にスゴイですよね。

大和製薬
タイワクムメルシエキ

「毛穴につまった皮脂を溶かして殺菌。綿棒に取って吹き出物部分にのせたら、あとは経過を見守るだけ。瓶もレトロで可愛いですよね」。60ml ￥1,500［第2類医薬品］

くすみ

私は、もともと地黒なこともあり、普段から徹底的に紫外線カットをしているのですが、そんなふうに太陽の光を浴びた記憶がないのに肌が濁って見える日がなぜかあるんです。そんなときに取り出すのが、アンプルールのホワイトニングソープ。泡立てて顔にのせ、約1分、パックをすると、くすみが晴れて肌の透明感がよみがえります。

アンプルール
ラグジュアリーホワイト
ブライトニングバー

「3種類の発酵液や酵母エキス、ハイドロキノン誘導体などの美白成分が洗うたびクリアな肌に。本来は洗顔ですが、私はしばしばパック感覚で取り入れています」。80g ￥3,000

肌の状態を〝高め安定〟に保つ努力をどんなに続けていても、トラブルが起こってしまう日もある。寝不足？　ホルモンバランスの乱れ？　原因はいろいろと考えられますが、一度発症してしまった症状は改善の道へ導いてあげるほかありません。いざというときすぐに対処できるように、適材適所のコスメや医薬品などを常にスタンバイしておくのが安心です。

CHAPTER II

Make up

女としての“自信”を
育てる
メイクアップルール

メイクは、理想とする自分に近づくための方法。
なりたい自分をイメージしながら
自分に今ある印象や素材を
どう生かすべきかを探究しましょう。
様々な取捨選択を繰り返して
なりたい自分に近づけたら、
きっと今よりもっと
自分自身を愛せるようになる。
自分という存在に自信が持てるようになる。
この章では、そんな自分になるために、
私が辿り着いたメイクアップの
ルールをご紹介します。

METHOD
NO.
015
/
032

NO. 015

メイクに正解はない！ことを知ってください

メイクに関するテクニックや情報はいつも世の中に溢れていますよね。だから、つい気になって、どうしてもトレンドを追いかけてしまう。私も、若い頃はそうでした。でも、あるとき、ふと気がついたんです。どんなに今っぽさを追求し雑誌に載っているテクニックを駆使したところで、その仕上がりは、ただの〝型押し〟の顔に過ぎない。その人自身に似合っていなければ、何の意味もないということに。ヘアやファッションとのトータルバランスも大切になってくるから、正しくメイクすることだけに気を取られていると、すべてがちぐはぐにうつってしまう。ここはひとつ、世間的に正解とするものではなく、自分の魅力を最大限に引き出してくれるメイクを見つけてみませんか。そもそも、メイクに正解なんてないのだから、どんどんチャレンジするべきなんです。

　メイクは、なりたい自分に近づくための手段だからこそ、自分のパーツの特徴や目指す方向を一度立ち止まって考えてみて。鏡の中の自分と向き合って、「ここは私なりのチャームポイントだから、強調しよう」とか、「ここはあまり好きじゃないから、目立たせないようにカムフラージュしよう」とか。理想の仕上がりをイメージしながらメイクをすることで、もっとずっとステキな自分になれるはず。まずは、その法則に気づくことから。

普段、メイクをしているときの所作を思い出してみてください。ファンデーションを塗るとき、メイク直しでヨレたメイクをふき取るとき……。当たり前のように肌をこすりながらメイクをしていませんか？　サロンのお客様でも「UV対策をいつも万全にしているのに、30歳を超えたくらいから頬のあたりにもやもやとしたシミが増えてきた」という方がよくいらっしゃるのですが、そういう人は、日々のメイクの中で無意識のうちに肌をこすって刺激し、摩擦による皮膚の色素沈着やシミの発症を促している可能性が高い気がします。頬や小鼻の毛穴がやけに悪目立ちする人も、メイク直しの際にパフやブラシで肌をこすることで、キメが乱れてしまっているのではないでしょうか。

美肌をキープしたいなら、スキンケア同様、メイクをするときも、摩擦をなるべくしないように意識するのが鉄則。メイクをする行為さえ、スキンケアの一環と考えて、ベースメイクをのせるときも、色を重ねるときも、優しいタッチで、こすらないように。普段愛用しているツールが硬い人は、肌触りの優しいものに変えてみるのも手かもしれません。とにもかくにも、メイクをするときは肌をこすらないように意識すること。そうすることでおのずとキメが整列。メイクが映えるまっさらな素肌でいられるから。

NO. 016

とにもかくにも摩擦を避けること！

Miho's advice

**日常でやってしまいがち！
こんな摩擦行為に要注意**

ファンデーションをパフでぐりぐり塗る、チークをブラシでなすりつける、アイシャドウを塗るときにまぶたにチップを押しつけてワイプする。メイク中だけでなく、日常にも美肌を損なうマイナス行為は潜んでいます。頬づえをつく、眠い目をこするなどが、その代表格。

NO. 017

肌質が変わると、顔が変わる
柔らかく、まろやかになるんです

メイクで理想の自分になるために大切なことは、メイクが映える綺麗な肌でいることだと、私は思います。絵を描くときに使うキャンバスを想像していただくのがわかりやすいでしょうか。ザラザラだったりボコボコしたものより、つるんとした質感のほうが絵の具の色が引き立ちますよね。メイクも同じ。毛穴が開いていたり、凹凸がある肌ではファンデーションが伸び広がってくれないし、角質などが原因でくすんでしまった肌では、どんなにステキなチークやリップを塗ったところで、肌色につられてくすんでしまう。キメの整ったツヤやかで透明感のあるお肌の上にするほうが、ベースメイクもアイシャドウもチークもリップも、それぞれの質感や発色を最大限に発揮してくれるのではないでしょうか。そう、日々のスキンケアや〝こすらない〟メイクで美肌を育み、キープすることは、メイクの仕上がりをも左右してくるのです。

そして、不思議なことに、肌質が改善されると、それに連動するように表情が柔らかく、まろやかになる。メイクをしたときの表情がより女性らしくなって、そんな自分に胸を張れるようになるから、自然と心も前向きに。そうして良い肌質は、私たちにプラスのサイクルを運んできてくれます。

NO. 018

メイクは2パターンあればいい

「毎日同じメイクをしているとマンネリ化してくる……」という本音がチラホラ聞こえてきますが、実際、毎日新しいメイクを取り入れるなんて難しい。できるに越したことはないけれど、ちょっと難易度が高いですよね。だから私は、ベーシックなメイクと、ちょっとだけ抜け感のあるオフのメイクの2パターン用意しています。普段は仕事柄、接客やオフィシャルな場に足を運ぶことが多いので、きちんとしたメイク。反対にオフの日は肌をきちんと作るのをやめて、BBクリームやみずみずしいクッションファンデーションだけで仕上げてみたり。思い切って、クリームチークをポンポンと指で重ねるだけ、なんて日もあります。「オフだったら、少しくらい崩れてもラフでいいよね」と、明るく開き直ってみたりして。オフ用のメイクを持ち合わせておくことは、いい意味で顔も心も解放してくれます。

　私とは反対に、普段のメイクがナチュラルなトーンの女性は、もう1つの顔として印象がガラリと変わるとっておきの華やかなメイクを持っておくのがオススメ。年に数回でもドレスアップする機会にはきちんとメイクが必要だと思うのです。いつもと違うあなたの表情のギャップに、周囲のみんなが惹きつけられるなんてこともあるかも。きちんとメイクとナチュラルメイク。その2つを持っておけば、大人の女性として万全です。

NO. 019

極上美肌を目指すなら、
ツールにこそ投資を

効果的な高級美容液を新しく買い足すよりも、いいエステに行くよりも、手っ取り早く美肌に近づける方法があります。それは、ツールを新調すること。最近は、化粧品の付属品でも良いものがたくさんありますが、それぞれのパーツをメイクするのに特化した上質なツールは、やっぱり別格。毛質、柄の長さ、どれをとっても優秀で、メイクの仕上がりが格段に美しくなるのを実感できるはず。毛質が柔らかいものを選ぶことは、メイク中の摩擦の軽減にもなり、肌にもメイクの仕上がりにも、うれしいことばかりです。

ツールを買い揃えたら、必ず、清潔な状態に保つことが大切。汚れたツールでしたメイクはどこかくすんでうつるものです。ブラシは専用クリーナー、チップとスポンジは洗顔フォームで洗い、くたびれたものは「ありがとう」の気持ちを込めて潔く処分を。

01
SUQQU
フェイス ブラシ
「コレでお粉をのせると、まるで美容液を塗った後みたいに肌がツヤめいて、キメが整います。ふわふわで肌当たり感が限りなくゼロ」￥30,000

02
竹宝堂
ハイライトブラシ Z -2
「先細った先端でチークを入れたい場所を的確に捉えられる上に、くるくる肌をなでるだけでぼかすのが簡単。灰リス毛100%」。￥7,000

03
キャノン
スポンジパフ 小
「肌に必要なものは残して、不要なものは取り除いてくれる魔法みたいなパフ。空気の含みも最高。ファンデーションのフィックス感をアップ」。アイエヌ装粧（本人私物）

04
KOBAKO
ファンデーションブラシ D
「肌に優しい乾燥肌用のブラシ。縦にも横にも使えて、携帯にも便利。パウダリーファンデーションやお粉をのせるときに」。ケースつき ￥3,500／貝印

05
CHICCA
パーフェクトスモーキーアイ
ブラッシュ ラージ
「たぬきのしっぽみたいな灰リス毛100%ブラシ。空気と粉をよく含んで、ワイパーづけするだけで自然なグラデに」。￥8,000／カネボウ化粧品

06
CHICCA
パーフェクトスモーキーアイ
ブラッシュ ミディアム
「ラージを広い範囲に使うのに対して、こちらは二重幅など狭い範囲に活用。繊細な筆先で小回りもバッグンです」。￥6,000／カネボウ化粧品

07
KOBAKO
アイシャドウチップ
「長い柄が持ちやすくて、力の入れ加減を調整しやすい。色をきちんと効かせたいときのために用意」。3本入り・ケースつき ￥900／貝印

サロンのお客様からよく「自分に合うファンデーションの選び方がわからない」というご相談をいただきますが、コスメフリークの私でもさっとは決められません。テクスチャーや質感が細分化されて選択肢が広がっている時代だからこそ、なおさら、じっくりと見極めることが大切になってくると思います。

　私の場合は、必ずコスメのカウンターに出向きます。そこで、気になるファンデーションを手の甲にのせてもらい、伸びの良さや肌どまりのジャスト感、乾いてきたときの光沢感をその場で確認します。可能な場合はサンプルをひとつもらい、1度自宅で塗ってみる。1日の経過を観察して、時間が経ったときのヨレ具合や毛穴落ちの様子をチェック。こうして好きなファンデーションに巡り合えたら、今度はようやく色選び。再びコスメのカウンターに足を運び、自分の肌に合いそうな2色を右の頬と左の頬にそれぞれ塗ってもらいます。その後一旦カウンターを離れ、別の場所での色の見え方を確認。自然光、蛍光灯、白熱灯の下で確認して、首の色とのつながりや肌うつりの良し悪しをチェックしてから、最終ジャッジをくだします。少し面倒ですが、この手順を踏むと、「カウンターでは良いと思ったのに使ってみたらイマイチだった」という事態を回避できます。もちろん、仕上がりの肌の美しさも納得のものに。

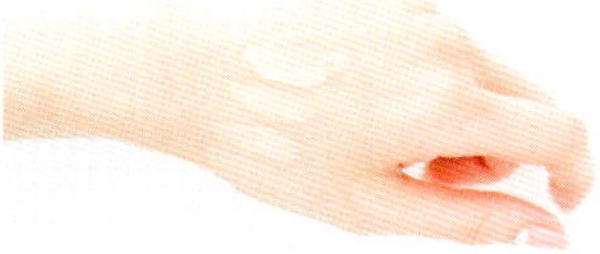

NO. 020

正しい ファンデーションの 選び方を知ろう

How to

手の甲に出してファンデーションの特徴をチェック！

ファンデーションを手の甲にのせてしばらくおいておくと、そのファンデーションの本当の質感や持ち味が浮き彫りに。いくつか並べておくことでその差が歴然とします。結果を参考に、なりたい肌に近づけるファンデーションを選んで。

NO. 021

選ぶなら、美容成分入りのファンデーションを

みなさん、1日のうちでファンデーションを塗っている時間を計算したことはありますか？　私は普段、12時間近く仕事をしているので、その前後もカウントすると、1日14時間はファンデーションを塗っていることに。これって、半日以上！　だからこそ、メイクしている間も肌をできるだけいたわれるように、毎日使うファンデーションは必ず美容成分を配合したものを手に取るようにしています。

以前、美容成分たっぷりのファンデーションと、美容成分を特にうたわないファンデーションを1日塗って落とした後の肌を比べてみたことがあるのですが、その差は歴然。前者のほうが、メイクオフしたあとももっちりとうるおっていました。美容成分の有無は、そのくらい肌のコンディションを左右するということ。ただし、どんなに高機能な美容成分が入っているからといって、夜、塗ったまま寝てしまうのはタブー。あくまでスキンケアに近い〝ファンデーション〟なので、たとえ一晩でも、確実に肌は劣化します。肌に残存したファンデーションと皮脂が混ざったものが毛穴につまると炎症を起こし、エスカレートすると顔ダニの餌を増やすことにもなりかねません。だから、どんなにスキンケア効果の高いファンデーションでも、寝る前には必ず落とすことをマストにしてくださいね。

NO. 022

極上美肌に見せるならとりあえず ツヤ肌を作るべし

ツヤ肌を作る手順は一緒ですが、アイテムはその日の肌の状態に合わせて変えています。コスメを買って試すのは、私にとってもはや趣味なので、一見多く見えると思いますが、ここで紹介しているアイテムは、とっておきのお気に入りばかり。ぜひ試してみてくださいね。

02.「色を補正しながらツヤを演出して、ハーフトーンまで隠したシミをさらにきちんとカバー。おまけに、立体感まで」。ロングラスティング ルースパウダー パール 15g ¥4,500／エスト

04.「植物由来の美容成分配合で、保湿力とカバー力を兼備。1日中塗っていても負担になりにくい処方」。コンプリートハーモニーファンデーション 全7色 28g SPF35・PA+++ ¥6,500／THREE

06.「セラムインでメイクしている間もオフした後も、美容液を塗っているみたいにツヤツヤの肌に」。P.C. ファンデーデョン 全5色 30ml SPF15・PA++ ¥10,000／ヘレナ ルビンスタイン

08.「リキッドで仕上げたようなみずみずしさがお気に入りのパウダリー。肌に透け感が出るのに、カバー力もきちんと共存」。タンミラク コンパクト 全7色 SPF20・PA+++ ¥6,900※セット価格／ランコム

11.「シミやくすみをしっかりカバーして、絶世の陶器肌に」。エクシア AL モイストプレミアムパウダー ファンデーション 全6色 SPF21・PA++ ¥12,000※セット価格／アルビオン

14.「微細なパールが肌の色ムラをソフトフォーカス。薄づきで軽くて、オフの日はコレ1個ででかけてもいいほど」。フレッシュグロウ ルミナスフルイドベース 01 30ml ¥5,400／バーバリー

17「オイルベースでフィット感が高く、崩れにくい。ツヤを重視したい日に。ピンク色で血色感もアップ」。AQ MW コンディショニング オイルベース 30ml SPF30・PA++ ¥7,000／コスメデコルテ

01.「リキッドやクリームファンデーションの仕上がりを引き上げてツヤを演出。無色透明のパウダー」。ザ・ライトバルブ グローイング フェイスパウダー 15g ¥5,000／シュウ ウエムラ

03.「ピンクのパウダーは血色が欲しい日に。保湿力が高くてつけ心地が快適。メイク直しに使うと肌が生き返る」。AQ MW ルースパウダー（コンパクトタイプ）¥12,000／コスメデコルテ

05.「ハリとツヤを同時に叶えてくれる。カバー力が絶大で、赤みなんてなかったことに」。トワニー エスティチュード ラグジェ クリームファンデーション 全6色 30g SPF23・PA++ ¥10,000／カネボウ化粧品（トワニー）

07.「スポットライトを浴びたようなラグジュアリーなツヤ肌に。ドレスアップする日は迷わずコレ。大人の女性としてぜひおひとつ」。フィト パウダー リーブル 全3色 12g ¥9,500／シスレージャパン

10.「クリームでありながらストレッチ感が。肌どまりがいいからコンシーラー使いすることも」。フレーム フィックス クリーム ファンデーション N 30g SPF30・PA++ 各¥8,800／SUQQU

13.「一日中つけていても肌が疲れない。大人の女性にふさわしい上品なツヤ肌に仕立てながら、肌をリッチにケア」。フィト タン エクスペール 全4色 30ml ¥13,000／シスレージャパン

16.「引き上げるように塗ると肌がリフトアップ。撮影など"何かある日"用。信頼のカバー力」。エクシア AL スーペリア ファンデーション 全6色 SPF15・PA+ 30g ¥21,000／アルビオン

19.「色や質感の調整が自在。まぶたのトーンアップ、クマ＆シミのカバーと用途も多彩」。フェイスデザイニング コンシーラー 上・H-02、中・H-03、下・H-02 各¥6,600※セット価格／SUQQU

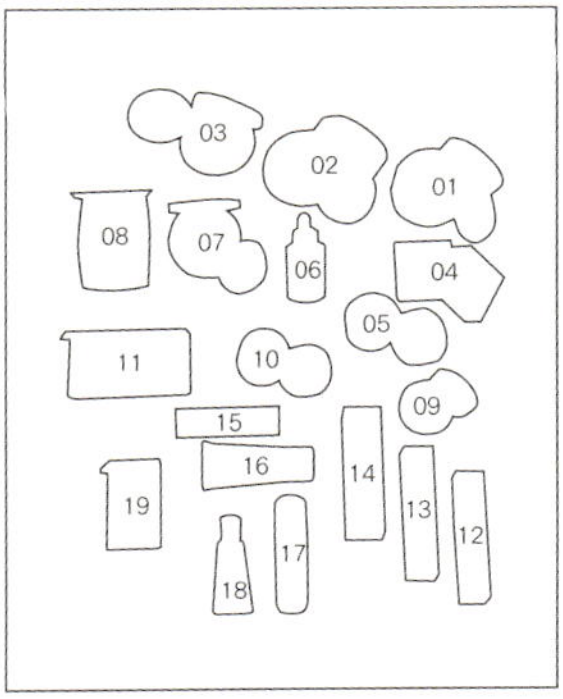

09.「ファンデーションの色をキープしたまま肌をクリアに見せてくれる。目の下など、崩したくない部分に」。ローラメルシエ シークレットブライトニングパウダー 1.4g ¥2,600／メルシス

12「カバー力があるのに、仕上がりがどこかカジュアル。今っぽい抜け感が叶う」。ルナソル スキンモデリングリクイドフィニッシュ 全6色 25ml SPF20・PA++ ¥5,000／カネボウ化粧品

15.「ストレッチ感があるから、繊細な目元の肌にもヨレずに密着。本来は目元用だけど、小鼻にも。メイク直しに重ねることも」。P.C. アイプライマー 02 全2色 ¥5,400／ヘレナ ルビンスタイン

18.「シミ用のスポットタイプ。ほんの微量でどんなシミもイリュージョンみたいに帳消し」。エクシア AL ラスティング コンシーラー（カバー） 全2色 SPF25・PA++ ¥6,000／アルビオン

若いときは、何もしなくても肌がツヤッとしていましたよね。ところが、年齢を重ねると共に皮脂の分泌量が減り、天然のツヤは徐々に失われてしまう。そうすると肌がパサついて、印象が老けて見えてしまうのが大人の女性の悩み。これはもうベースメイクでリカバーするしかありません。最近の雑誌では、すっぴん風のピュア肌作りが紹介されていますが、あれはあくまで、肌ツヤがいい若い子のためのもの。

女性ホルモンの低下など、老化現象がゆるやかに起こりはじめる30歳以降は、メイクで適度なツヤ感を演出することが必須です。次ページから私が日々実践しているツヤ肌の作り方をご紹介します。隠したいものを上手にカバーしつつ肌が一気にフレッシュにうつるので、ぜひ、参考にしてくださいね。

Miho's 大人のツヤ肌レシピ

ミルフィーユのように、うすーく、うすーく、繊細にアイテムを重ねていくのがポイント。

1 –

血色とツヤ感を叶えるピンクのグロウ系下地を手の甲に取り出し、両頬、おでこ、鼻、あごに指先サイズで一気に5点おき。

2 –

手のひらを使って、ポンポンとスタンプを押すように1の下地を伸ばしていく。次のステップでカバーできるので少しくらいのムラは気にしなくてOK。

6 –

指先に残っているリキッドファンデーションを、小鼻や目の下、あごなど色ムラが気になる部分に薄く伸ばす。ここでファンデーションを追加すると厚塗り・崩れの原因に。

7 –

パフを使って、リズミカルに100回タッピング。叩くうちにツヤ感が増し、ファンデーションの密着感がアップ。

11 –

ここでカバー力を100%に。パウダリーファンデーションを8でファンデーションをのせたところにだけ重ねる。これでも隠しきれない頑固な濃いシミは専用のスポットコンシーラーを使って。

12 –

お気に入りのハイライトパウダーをブラシに取り、小鼻の横、口角、目元にオン。光を集めて、立体感を演出する。

FAVORITE ITEM

▶ プロセス12

「いきいきとしたツヤがひとはけで」。エクシア AL イリュージョン ヴェール 02 ¥6,000※セット価格／アルビオン

「パールがハリ、ツヤ、凹凸感を」。フェイス アップ ブライトパウダー ¥6,000※セット価格／SUQQU

▶ プロセス14

「メイク崩れを防ぎながら密着感をアップ。肌に自然なツヤ感をもたらしてくれる」。メイク フィックス ミスト R 60ml ¥5,000／SUQQU

3 –

スポンジをトントンと軽快にはたいて、下地を肌に均一になじませながら広げて定着させていく。同時に余分な脂分が取り除かれてピタッと密着。

4 –

リキッドファンデーションを手の甲に取り出し、色ムラや凹凸が気になる部分に一箇所ずつピンポイントで指先サイズでのせる。

5 –

4でのせたリキッドファンデーションをすぐさまその周辺にさっと広げ、手のひらでトントンとなじませていく。この工程を繰り返す。下地と違って乾きやすいファンデーションは一気塗りではなく部分ごとになじませるのがコツ。

8 –

まだ手の甲に残っているリキッドファンデーションをコンシーラー使い。赤みや色ムラが気になる部分に少量を重ねて、指でおくように塗る。あまり広げすぎないように。このステップでは70%くらいのカバーを目指して。

9 –

ルースパウダーをブラシにたっぷり含ませたら、軽くとんとんと叩いて、表面の余分な粉を一旦落とす。頬の上をなでるようにくるくる磨きづけをすることで、限りなく薄づきの肌に。

10 –

ブラシに残っている分のルースパウダーで、鼻や目元、口角などの細かい部分をふんわりとカバーする。

13 –

目の下の逆三角ゾーンと鼻筋にもハイライトパウダーを重ねる。鼻筋が際立ち、目元が明るく。

14 –

メイクのフィットミストをスプレーしてメイクを定着させる。顔から20cm離したところから10プッシュが目安。

15 –

ミストをスプレーして湿った肌を、見た目に粉感がなくなるまで手でパタパタと扇いで乾かしたら、フィニッシュ。これによって全工程で使ったパウダーが一体化して粉感のないツヤ肌に。

NO. 023

カバーしたいところこそ
薄く薄く重ねる

目の下のクマ、肌の赤み、突如として現れた吹き出物、それから、目尻の小ジワや、ほうれい線も……。大人になると、ベースメイクでカバーしなければならないパーツが増えるわけなのですが、実は、自分の欠点やコンプレックス、肌のトラブルをどうカバーするかが見た目の印象を大きく左右するのです。

肌の欠点をカバーするときにマストなものはと聞かれれば、ほとんどの人が「コンシーラー」と答えると思います。実際、大人の肌作りにおいてコンシーラーは欠かせないアイテム。でも、想像してみてください。たとえば、下まぶたのクマの上に目元用のコンシーラーをがっつりのせてみたとします。それでたしかにクマは隠れるかもしれませんが、同時にいかにも〝隠しました〟というわざとらしさが明るみに出てしまう。それでは、手品のタネをバラしているようなものですよね。そう、隠している事実こそ隠さなければ本当の意味でのカバーにはならないのです。だから私は、何かを隠したい部分は、コンシーラーだけに頼るのではなく、ファンデーションやお粉をミルフィーユのように繊細に、うすーく、うすーく重ねてカバー。実際、ひと手間ではありますが、それだけで見た目が格段にはつらつとするから、手間をかけるだけの価値は十分にあると、私は思うのです。

NO. 024

ツヤアイテムは適材適所にのせてこそ効果的

Nose

鼻筋の始まりの部分から下に向かって指3本分ポンポンとおいてなじませる。

Lip

上唇の山の輪郭に沿ってハイライトを。なじませてトントン。唇に立体感が。

Cheek

頬の高い位置にもハイライトをのせる。視線が上にくるので、リフトアップ効果が。

Chin

あごが短い方はあご先にハイライトをポン。顔の縦バランスが強調されて、輪郭が整います。

みなさん、ハイライトなどツヤを出すアイテムがメイクにどうして必要なのかわかりますか？　答えは簡単。ツヤ出しアイテムをのせる場所には光が集まって、そのパーツを高く、立体的に魅せてくれるからです。

でも、だからと言って、やみくもに取り入れればいいわけではありません。鼻を高く見せたいからと鼻筋にがっつりハイライトを入れたりしたら、わざわざぺちゃ鼻をアピールしているようなもの。では、どうしたらいいのかと言えば、そのパーツに合う、適材適所のアイテムをミニマムに取り入れるのが正解。たとえば丸顔でバランスが幼顔に見えがちなあごの短い人

部分別ツヤアイテム

パーツによって色や質感の異なるアイテムを使い分けることでワンランク上の仕上がりを目指すことができます。

「肌に溶け込みながらワントーンだけライトアップ。目元に」。シャンテカイユ Liquid Lumière Sheen（本人私物）

「H-02は鼻筋に、H03を下まぶたのインサイドと唇の山の上に」。フェイス デザイニングコンシーラー　上・H-01、中・H-02、下・H-03 ￥6,600（セット価格）／SUQQU

「肌にうるおいのツヤをプラス。上まぶたと、鼻筋、頬の高い位置にも」。MiMCミネラルクリーミーアイベース 01 ￥3,800／MIMC

「頬の笑うと高くなるところに指で薄くなじませます。繊細なパール感が好き」。シャンテカイユ Cheek Gelée Happy（本人私物）

は、あご先にちょこんとハイライトをのせるだけでシャープな大人顔に。また、立体感だけでなく血色も上げたいのであれば、ツヤのある仕上がりを狙えるチークを活用すればいい。それから、ツヤ出しアイテムの色がいかに肌になじむかを考えてあげることも大切。たとえば、唇の山のすぐ上の肌は、唇の血色につられてほんのりピンクがかっていますよね。だったら、そのトーンに合うアイテムをのせて、唇に立体感を出してあげるほうが仕上がりが自然に。そんなイメージを働かせながら、ツヤアイテムを複数使い分けてみて。肌のツヤめきも立体感も見違えてくるはずですよ。

NO. 025

横顔を知らずに
メイクをするとブスになる

誰に教えられたわけでもなく、メイクをするとき、ほとんどの人が鏡に対して面と向かっていると思います。だから、正面から見たときの仕上がりはきっと非の打ちどころがないはず。では、横から見たときはどうでしょうか？　ふとショーウィンドウにうつった自分の横顔を見たときや、ふいに隣にいる誰かから写真を撮られたときに「あれ？　今日のメイク、間違えちゃったかな？」と感じたことはありませんか？

日常のシーンを振り返ってみてください。実は人と正面から対峙することって数えるほどしかないんですよね。それよりも、横に並んで歩いたり、おしゃべりすることのほうがよっぽど多い。デートなんて、その最たる例です。だから、メイクをするときは必ず横顔を綺麗に見せることを意識することが大切。いつもの鏡ともう1枚、合わせ鏡を用意して、メイクを進めるたびに、横顔の見え方もチェック！　正面から見て平面的に捉えるだけでなく、ちょうど眉山あたりから外側を顔の側面と捉えて、立体的な仕上がりを心がけてみましょう。中でも横顔を特に意識してメイクをしたいのは、眉尻の角度と長さ、チークを入れる位置、アイラインのハネ上げの角度と長さ。これらをおさえれば、横顔美人はもちろん、小顔効果も狙えて一石二鳥。その具体策を、この後に掘り下げていきますね。

Miho's advice

チークは横顔をキメてから正面を

チークを入れるのは、まず横顔から。合わせ鏡を上手に使って頬骨に沿って入れ、バランスの良いところまで広げる。その後、正面を向いて血色が欲しい位置にのせると、前から見ても横から見ても、隙なく綺麗に。

Miho's favorite Cheeks

チークを選ぶときは、肌色と自然につながるかどうかを重視。
可愛いピンクを使うときは、オレンジやコーラルなど肌なじみの良い色を
ベースに仕込んでその上にピンクをオン。
目玉焼きのように重ねることでナチュラル、かつ、立体的に。

04.「ハッピーオーラいっぱいのコーラルピンク」。ベネフィーク セオティ チーク（ファンタジーニュアンス）OR01 ¥3,800 ※編集部調べ／資生堂

03.「イノセントで可憐なピンク。肌の調子が絶好調の日に取りだします」。ローラメルシエ セカンドスキンチークカラー ロースペクル ¥2,800／メルシス

02.「頬の高い位置に入れると表情をリフトアップしてくれる。2色混ぜて使うだけで立体的に」。バランシング チークス N 04 ¥6,500／SUQQU

01.「植物由来の美容成分を贅沢に配合した練りタイプ。肌なじみのいいコーラルはベース役にも」。ミネラルクリーミーチーク 07 ¥3,300／MIMC

07.「華やかで上品なベリーピンク。愛らしさの中にほのかな色っぽさが」。rms beauty リップチーク モデスト ¥4,800／アルファネット

06.「肌に優しい処方で、内側からぽわんと上気したような血色感になれる」。rms beauty リップチーク デミュア ¥4,800／アルファネット

05.「モードでトレンド感のある青みピンクの発色は脱帽もの」。ディオール ブラッシュ 846 ¥5,700／パルファン・クリスチャン・ディオール

1

アイブロウこそ合わせ鏡で！

眉尻が途切れていたり長すぎたりすると横顔が間抜けに。
合わせ鏡で、見られる角度を選ばない綺麗な眉を目指して。

2

1 — 最初に眉山を決める。びっくり顔をしたときに一番山になるところよりほんの少しだけ外側にずらした位置を眉山にすると、仕上がりが表情筋となじんで自然に。眉尻は口角と目尻を直線で結んだ延長線上に設定する。

2 — 眉山〜眉尻、眉頭〜眉山の順に、毛流れに沿ってペンシルアイライナーで色を足す。

3 — 眉毛がまばらな部分は、ブラウンのリキッドアイライナーで描き足す。1本1本、眉毛を模写するイメージで、繊細に。

4 — アイブロウパウダーで眉全体をぼかしながら、まばらな部分を埋めたら完成。

USE:

（右上）「なめらかな描き心地でナチュラルな仕上がり。ぼかし用のブラシも仕上げに便利。私は、海外で購入することが多いです」。ブロウペンシル12 ￥5,000（セット価格）／アナスタシア （右下）「アイライナーだけど眉にもなじむ絶妙なブラウン。眉がまばらなところに1本1本描き足します」。デジャヴ ラスティンファインRN 筆ペンリキッド グロッシーブロック ￥1,200／イミュ （左）「眉が薄く肌が透けている部分にも密着。左から2色を混ぜてのせることで、立体的な大人の眉毛に」バランシング アイブロウ 02 ￥6500／SUQQU

3

4

Miho's point

1. 眉の色は髪色と目の色よりやや明るめにすると仕上がりがナチュラルに。

2. 眉を描くときはキメ顔をキープしておくと左右がちぐはぐにならずに済む。

NO. 026

上まぶたで語れない人は下まぶたで語れ

アイメイクって、突きつめれば突きつめるほど、難しいですよね。女性の本音としては、ナチュラルに仕上げたいけれど目ヂカラも欲しいし、＋αで可愛さやセンシュアルな雰囲気を演出することができたらもっと理想的だと思います。女性にとって、目は一番、メイクに力を入れたくなるパーツですよね。

でも、大人になって濃い色のアイシャドウを上まぶたにのせると、印象が古臭く見えてしまったり、目がつぶらに見えてしまう危険性があります。また、太すぎるアイライナーや盛りすぎまつげがかえって痛々しい印象になることも。そこで私が思いついたのが、〝下まぶたで語る〟アイメイク。涙袋を表情豊かに仕上げれば、都度、新たな印象に出合えることに気がついたんです。

上まぶたはできるだけ引き算。肌色に近いオレンジベージュでそれとなく陰影をつけて、そこに、光のテクスチャーをほんの少し足すくらいに留めたら、それ以上は手を加えません。そこから先は〝下まぶた〟に委ねます。アイシャドウの色をその日のファッションや気分に合わせて変えたり、目尻の上げ下げで目の形に変化をつけたり。下まぶたを盛っていくことで、表情をいかようにもコントロールすることが可能。憂いもセクシーさも、何かを〝物語る〟印象的なまなざしが手に入るんです。本当ですよ。

1 —
ブラウンベージュのアイシャドウを下まぶた全体にのせる。目の印象を穏やかにしながら涙袋をふっくら。

2 —
トレンド感のある色のアイシャドウを黒目の外側から目尻の手前までちょんちょんとのせる。

3 —
下まぶたの目尻のキワのすぐ下に黒のジェルペンシルライナーで二等辺三角形を書く。

how to make up

4 —
ブラウンのリキッドアイライナーで3で書いた二等辺三角形の外側の辺の上をなぞり、先端をシャープに。

5 —
すでに入れたアイシャドウとアイライナーの間をつなぐように、両者の中間色をのせてぼかす。

6 —
目の内側の粘膜部分の目頭から目尻の手前までしっとりとした質感のツヤカラーをのせる。

Pick up

下まぶたで“語る”のにオススメのアイテム

01.「濡れたようなツヤ感を宿したスキントーンのブラウンベージュ」。ザ アイシャドウ リゴレット ¥2,000／ADDICTION BEAUTY

02.「.レッドのニュアンスがセンシュアルなブラウン」。シャドウライニングパフォーマンス アイライナー 02 ¥2,800／THREE

03.「繊細な筆先でスルスル描ける。くっきりとした発色」。ハイパーシャープ ライナー S BR-1 ¥1,200／メイベリン ニューヨーク

04.「ツヤやかな発色が長続き」。マキアージュ ロングステイアイライナーN BK999 ¥2,100（セット価格）※編集部調べ／資生堂

CLOSE UP

FINISH

Miho's must color

絶対カラー

トムフォード ビューティ
リップカラー
NUDE VANILLE

「唇をふっくらさせながら赤みを補正してくれるマットなピンクベージュ。クリーミィなつけ心地」。￥6,000／トムフォード ビューティ

NO. 027

生っぽい唇で女度をアップ

Plus one item

プラスワンアイテム

02.「縦ジワもふっくら」。ディオール アディクト リップ マキシマイザー ￥3,600／パルファン・クリスチャン・ディオール

04.「唇の内側に仕込んでグラデーションに」。キッカ メスメリック リップライン スティック 02 ￥2,800／カネボウ化粧品

06.「パール×コンシーラーが唇を明るく立体的に」。フィックス イット 001 ￥4,200／パルファン・クリスチャン・ディオール

01.「ほのかなツヤ感をプレゼントしてくれる、クリアなコーラルピンク」。シャンテカイユ　ブリリアントグロス　Mirth（本人私物）

03.「ほのかに血色が欲しい日はメインをコレにすることも。優美なヌードピンク」。ルージュ ジェ 60 ￥6,400／ゲラン

05.「リップ用の下地クリーム。色を整えてくれるだけじゃなく、唇をグラマラスに」。キスキス リップリフト ￥4,200／ゲラン

生っぽい唇の作り方

ルージュを主役に、その色を引き立ててくれるアイテムを
繊細に重ねます。口角は上向きに設定。

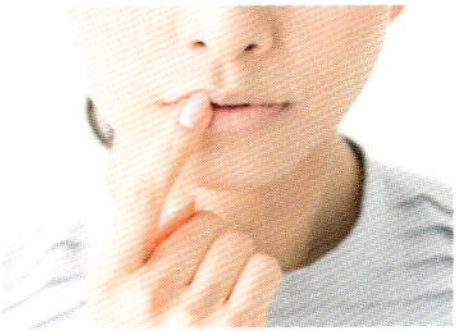

1 —
コンシーラーを指に取り、唇の上にポンポンとなじませる。赤みを消して、色みをフラットな状態に。

2 —
トムフォードのリップを唇の外側から内側へすべらせながら塗る。上下とも、山は丁寧になぞって。

3 —
口角にリップスティックをはさんでぐりぐり色を塗る。くすみをオフしたらフィニッシュ。

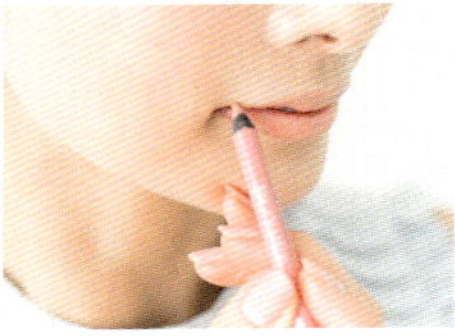

4 —
リップと同じ色のリップライナーで上唇の口角の上をちょっとだけなぞって口角を上向きに。

5 —
メインのリップよりワントーン鮮やかなリップで上下の唇の内側でなぞり、唇の立体感を。

6 —
ツヤがどうしても足りないときは中央にだけクリアピンクのリップグロスを足してもOK。

唇は口の中の粘膜の延長で表面に出ている部分。ライヴ感のあるパーツだと思うんです。だから、パサつきや人工的なキラめきはご法度。印象がどこか不自然で、そんな作りものチックな唇からは、発する言葉さえ非現実的に聞こえてしまう気がするから、リップメイクはいつだって、生っぽく、イキイキと見えるように心がけています。何より、そのほうが、女性は断然美しく、魅力的になれますよね。

私は、唇の色が赤くて濃いのが昔からコンプレックスで、カバーするためにマットなピンクベージュのルージュを愛用。でも、この色はともすると表情を不健康に、そして、老けてうつしてしまう。だから、ピンクのリップやグロスのツヤ感を足して、生っぽいムードを漂わせるのがお決まり。口角を上げるのだって、もちろん忘れません。

NO. 028

メイクする気が起きないときは、疲れているとき、心が折れているとき

メイク好きでコスメマニアの私でも、ときどき不意にメイクをするのがしんどくなるときがあります。そういうときは大抵、心がポキッと折れてしまっています。普段からメイクで表情をイキイキさせることを意識しているので、ちょっと落ち込んでいるくらいならメイクでフォローして元気を装うこともできますが、折れた気持ちがどうにもならなくなると、「こんなにしんどいのにメイクで元気なフリをしたところで、一体何の意味があるの？」と半ば自暴自棄になってしまうことも。

　そんな心境で自分を奮い立たせてメイクをしても、かえって心がぎゅうぎゅうに締めつけられてしまう。人間だもの、そんな日もありますよね。だから、そういうときは、思い切って、一旦メイクをおやすみ。「今日は気分が乗らないから、メイクをしないで1日過ごそう。たまにはそういう日があってもいいよね」と開き直ってみます。誰の目を気にするでもなく、心を解き放って、空っぽにしてみると、あら不思議。乾いていた心がどんどんうるおいで満ちてきて、数時間前まであんなにネガティブになっていた自分のことがバカみたいに思えてくるんです。そのうち自然と、「メイクしてみようかな」という気分になれる。メイクは義務じゃない。心と相談しながら、心地良く楽しんで。

NO. 029

練習するなら
Not チャレンジメイク

若い頃から何年もかけて自分にとってベストな今のメイクに辿り着いた私ですが、それでも時々、メイクの練習をすることがあります。定番メイクのバージョンアップを図れる上に、好きなメイクをすることは息抜きやストレス解消にも。メイクの練習は、趣味と実益を兼ねたかけがえのないひとときなのです。練習するのは、決まって夜。心おきなくしたいから、失敗しても顔を洗えばいいし、時間を気にせずに集中できるタイミングが絶対です。

そして、練習するのはいつも普段使いのベーシックなメイク。チャレンジメイクもいいけれど、私はもう大人。人前に出るときは必ずと言っていいほどベーシックメイクなので、だったら、その表情に磨きをかけてあげるほうが、よっぽど有意義だと思うんです。

内容は、いたってシンプル。ベースメイクやアイシャドウをいつもより濃くしてみたり、アイライナーの太さを微調整してみたり。合わせ鏡でより自分の顔が引き立つチークのポジションを再確認する作業をただひたすらに繰り返します。新作コスメを試すのは大抵このとき。優秀なアイテムがあったら、自分の中のスタメンコスメを入れ替えることもしばしば。ときどきそうして定番メイクをブラッシュアップすることで、今日より明日のほうがずっと、なりたい自分に近づけると信じています。

これは、メイクにもファッションにも言えることなのですが、「マイベーシックはコレ！」と確信しているのにもかかわらず、ときどき、隣の芝生が青く見えて、浮気したくなることもありますよね（笑）。私も最近はもうありませんが、昔自分らしからぬ冒険メイクをして「どうしたの？」と人に驚かれてしまうこともありました。でも、それはただの自分本位で、メイクがトゥーマッチだっただけ。全然魅力的にうつっていなかったのだと思います。

定番メイクをアレンジしたくなったときは、マイナーチェンジに徹するのが正解。人から見て、どこをどうしたのかわかってしまうくらい大げさなチェンジは避けたほうがいいということをまず念頭においておきましょう。

目指したいのは、「あれ？　いつもと何が違うの？　どこが変わったのかはわからないけど、なんだか今日、すっごく綺麗だね」と言ってもらえるような〝なんとなく〟のマイナーチェンジ。〝なんか綺麗〟というニュアンスは、どこかのパーツが大げさに強調されているわけでもなく、顔全体のバランスで美人オーラが出ていることを教えてくれる最強の褒め言葉だと思うのです。ベーシックなメイクの中でそこを目指すのが、なりたい自分に近づくための最短距離なのではないでしょうか。

NO. 030

あれ？ いつもと何が違うの？
と言われたら成功です

NO. 031

今日イケてる、と思った日の顔（メイク）のレシピを覚えておく

毎日、同じようなメイクをしているのに、「あれ、なんだか今日はとってもいい感じ」と思えるとき、ありませんか？　もしくは、いつも通りだと思っていたのに、「今日綺麗だね」と誰かから言ってもらえたりする日が、女性なら誰しも、一年のうちに数日はあったりすると思うのです。そんなときは、声をかけてくれた方に笑顔で「ありがとうございます」とお礼を述べた後、朝のメイクの記憶を頭の中でぐるぐる巻き戻して。メイクだけじゃなく、そのプレパレーションとなるスキンケアまで、きちんと振り返ってみる。スチーマーを何分あてたのか、化粧水と美容液は何を使ったのか、コンシーラーはどのくらいの分量にしたのか、チークを入れる範囲をどうしたのか……。メイクの仕上がりは、肌のコンディションとメイクのテクニックがあいまって成り立つものなので、丁寧に分析することが大切。そして、褒められた日の顔のレシピを覚えておけば、またいつでも、周囲から綺麗だと思ってもらえる自分になれるのです。

よく、人からは驚かれますが、私は毎日ビューティダイアリーをつけていて、その日に使用したアイテムと、その効果実感や人からの評価をメモしています。たしかに面倒な日もありますが、この小さな努力が物を言う日がある。甲斐は、ありますよ。

女性っていい意味で単純な生き物ですよね。「今日は何だかメイクがうまくいっている！」、「肌がすこぶる絶好調！」というときは、誰かに会いたくなったり、新しいお洋服を探しに行きたくなったりするもの。自然と心が前を向くようにプログラミングされているかのようです。

そして、メイクの仕上がりや肌のコンディションがいい日は、それだけで、その日1日の自信につながる。このことがまた心の余裕を生み、人と接するときに心にゆとりをもって笑顔になることができる。さらに、誰かからもふとした会話の中で「今日のメイク、ステキだね」とか「肌の調子、すごくいいんじゃない？」と声をかけてもらえると、ちょっぴり照れくさいと思いながらも、自然と笑顔が溢れてくる。その笑顔を見た一緒にいる相手もつられて笑顔になって、ハッピーな気持ちが連鎖していく……。

たかがメイク、されどメイク。ステキなメイクや綺麗な肌は私たちが思っている以上にハッピーの礎になったりするものなのです。女性同士ならコミュニケーションツールにもなるから、会話も広がっていきますよね。スキンケアやメイクで努力した効果は、こんなふうにハッピーシャワーとなって自分のもとに降り注いでくれるのです。大げさじゃなく、本当ですよ。

NO. 032

今日のメイクがうまくいったとき、肌の調子がすこぶるいい日、自分を好きになることができる

CHAPTER III

Life style

美人を育てる
衣食住のルール

“綺麗”を構成している要素は
スキンケアとメイク以外にもたくさん。
日々、口にしている食事や、
身に着けているファッション、
ヘアスタイルなど、自分を取り巻く
すべてのものが、影響し合って
その人の印象を作っています。
だから、衣食住に気を配ることは
美を育む上でとても大切なことだと
思います。この章では、そんな私が
日常生活において綺麗のために心がけている
ルールをお届けします。

METHOD
NO.
033
/
043

「良質なオイルを口にすることは、身体の内側から上質なツヤ肌を目指すことにつながるから、適量を積極的に。いろいろな風味を楽しんでいます。（右から）アボガドオイル、ヘーゼルナッツオイル、黒ごま油、飲めるオリーブオイルKIYOE、ヘンプオイル、ピュアオリーブオイル。

NO. 033

40歳のときに
若く見える人と相応の人の差は、
口に入れたもので決まります

お肌も髪も爪も全部、私たちの身体は、口から取り入れた栄養素でできています。当たり前のことすぎて忘れてしまいそうになるけれど、揺るぎない事実。今食べているものが、1年後、5年後、10年後の自分を作っていくのです。私はそのことに気がついた20年ほど前から食生活に気を配って過ごしています。

老化は細胞のサビ。だから、細胞をサビさせる食べ物をなるべく避け、反対に活性化してくれる食べ物を積極的に取り入れるよう意識すれば、見た目の印象が老け込むのを食い止めることができます。だから、作りおきのもの、使い回した油で揚げたもの、アルミの袋に入った食べかけのお菓子など、酸化したものはなるべく口にしないよう心がけています。何かを口にするなら、旬のものや新鮮な食材を。栄養価が高く味がしっかりしているからおいしいし、調理をする際の調味料もごく少量で済むので余計な塩分やカロリーを抑えられるメリットも。私は10〜20代の頃、アレルギー体質を改善しようと取り入れたマクロビオティックのメソッドを今もゆるく取り入れて過ごしているのですが、肌の調子やスタイルキープの礎となってくれている気がします。小腹が空いたときのおやつも、なるべく身体が喜ぶものを選んで、はつらつとした見た目をキープしたいですよね。

Miho's favorite Food

「ごま専門店ならではの本格的な味わい。ウエハースみたいにサクサク軽くて、良質なオイルが摂れる。カルシウムの補給にも」。ごまサブレ 6枚入り ¥200／まんてん

「ピーナツバターやデーツシロップなどを使用したヴィーガンクッキー。卵や乳製品不使用でも満足感充分」。ヨガクッキー KAPHA ¥1,000／エイタブリッシュ

「むくみが気になるときはクレンズティー、カロリーが気になったらダイエットティーを飲みます。心安らぐ味わい」。上・クレンズティー、下・ダイエットティー 各¥5,000／共にシンプリス

「黒は鉄分、白は食物繊維を配合」。右・美人をつくる大豆生活 味噌・きな粉・大豆　佐賀大豆ばっかい SOY美EAN、左・同・黒糖・黒酢・黒豆 黒の力 各¥300／共に宮本邦製菓

「きなこの風味が甘くて、香ばしくて、おいしい。卵、乳製品、トランス脂肪酸不使用なのがうれしい」。マクロビオティッククッキー 豆乳きなこ ¥290／ビオクラ食養本社

「おからでできたクッキー。口当たりが軽くてほんのり甘いから食べ始めると止まらない。なのに、胃に負担がかかりにくいんです」。うの花クッキー ¥180／キング製菓

「フレッシュな油で揚げた野菜チップスは、無性にスナックが食べたくなったときに。素材の味が生きています」。右・野菜チップス あじ塩、左・同 カリー 各¥619／共に麻布野菜菓子

「主原料はカカオとナチュラルなお砂糖だけ。ポリフェノールで抗酸化力にも期待」。右・マストブラザーズ シーソルト、左・同 バニラ 各¥1800／共にDEAN & DELUCA 六本木

「ぷくっとしていて噛みごたえがある。玄米に混ぜて炊くことが多いです。ほんのり甘みがあるので、これでおにぎりを作るとおいしいんですよ」。ごはん麦 ¥780／ここく

「煮物の隠し味にしたり、料理に甘みを足したいときに使います。稀少糖含有シロップとガラクトオリゴ糖液糖を配合」。レアシュガープラス 希少糖＆オリゴ糖 ¥1,200／プロスペリティ

「モリンガは、ワサビノキ。デトックスとダイエットに注目のハーブです。優しい味わいで心も安らぐ」。モリンガハーブティー〔茶葉タイプ〕¥700／Girls,be Ambitious

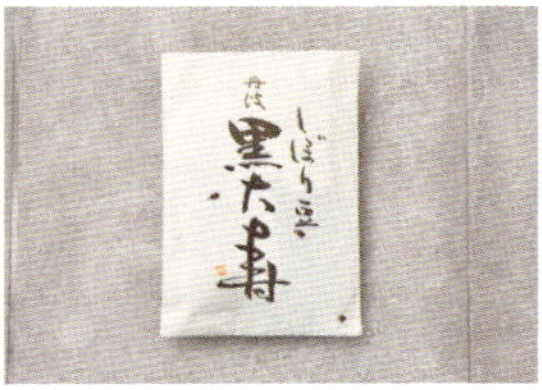

「シンプルに煮込んだ黒豆のお菓子。甘さがすっきりしていてしつこくないから、一度食べ始めると止まらない。ポリフェノールたっぷり」。しぼり豆　丹波黒大寿 ¥600／宝泉堂

NO. 034

質も一日に飲む量も水にはこだわりを

（右から）「毎日の食事で不足しがちなミネラルがたっぷり」。ミューバナディス 500ml×24本 ￥4,800／グローリー・インターナショナル

「通常の水の36倍もの酸素を充填した高濃度酸素水。肌も身体もイキイキ」。オキシゲナイザー 350ml×15本 ￥2,700／アクシス

「ミネラルとシリカがふんだんに。超軟水で口あたりが柔らかい」。FIJI Water（フィジーウォーター）500ml×24本 ￥4,800／インターパイロン

今でこそなるべくお水を飲むようになりましたが、何年か前まではお水が大の苦手でした。でもある日、鍼灸師さんから「血流が滞っているのも、顔色がくすんでいるのも、シワが多いのも、傷が治りにくいのも、すべてお水を飲む量が少ないから」と指摘されたのをきっかけに、そんな生活を改善。なるべくお水を飲むようにしてみたら、お手洗いに行く回数が増え、肌色の調子や体調が自然と上向きに。以来、1日1.5ℓを目安に飲むのが習慣に。飲むときは必ず、綺麗な水が体内を流れていく様子をイメージします。せっかく飲むなら＋αの効果が期待できるものにしようと品質にもこだわっています。ただし飲むべき量は体質によって個人差があるので自分のペースで。

若い頃に学んだマクロビオティックの教えを自分なりに生かして、1日の食事の量は1.5食に。よく「そんなに少なくて平気？」と驚かれますが、おなかが空いてもいないのに、朝昼晩とルーティンで食事を摂るよりよほどいい。マクロビでは、食事をあまり多く摂りすぎると体内のエネルギーが消化に費やされてしまい、壊れた細胞の修復や新しい細胞を生み出すことが妨げられると考えられているのですが、実際、この食生活を習慣にしてから肌のコンディションがキープできている気がします。

まず、朝は飲み物だけ。白湯をコップ1杯飲んで胃腸を起こしてあげてから、スムージーや酵素ドリンク、野菜ジュースなど、身体が喜ぶものを口にします。ランチは空腹を感じたら、少しだけ。サンドイッチや玄米のおにぎり、ジャーに入れて持ってきた手作りのスープを飲むことが多いです。そして、帰宅後のディナーはたっぷり。壊れた細胞や筋肉を修復するために良質なたんぱく質と同量の野菜を摂るようにしています。とは言え、どうしても食べたくなったときは、お寿司など炭水化物を食べることも。ストイックすぎると毎日が楽しくなくなってしまうので、ルールはあくまでゆるく。友達との外食やお祝いごとのシーンではルールの縛りを解いて、思い切り食を楽しんで、メリハリを。

NO. 035

食事は自分の身体の声に耳を傾けて、本当に欲しているものだけ私は、1日1.5食がベストです

Miho's recipe

ジャースープは体調に合わせて

身体を温めて肌に透明感を出したい日は、キャロットジンジャーのスープ。身体をすっきりとデトックスしたい日は鶏ベースのセロリとパプリカのスープをランチタイムに。

BRAND:
See by Chloé
シーバイ クロエ

BRAND:
VALENTINO
ヴァレンティノ

BRAND:
BEIGE,
ベイジ

BRAND:
Drawer
ドゥロワー

BRAND:
Chloé
クロエ

BRAND:
3.1 Phillip Lim
フィリップ リム

BRAND:
HYKE
ハイク

BRAND:
ROCHAS
ロシャス

BRAND:
ELISABETTA FRANCHI
エリザベッタ フランキ

NO. 036

首のつまったトップスが私の定番

流行りの服より自分に似合う服が綺麗な印象を連れてきてくれると、私は思うんです。若い頃からファッションが大好きで、私もかつてはトレンドを追いかけている女のコの1人でした。でも、トライした分、エラーも星の数ほど。当時の写真を見返すと、あまりにも似合っていない服を着ていて、びっくりします。そうして辿り着いた私なりの結論は、流行りに乗ってとっかえひっかえするより、自分に似合うものを身に着けているほうが、よほど魅力的になれるということ。私の場合、試行錯誤の結果、トップスは首がつまったラウンドネックで上半身をコンパクトに。それを、ひざ上のフレアスカートに合わせてウエストをシェイプ。さらに、11㎝のパンプスを合わせて足元をスラリと見せるスタイルこそが、ベストなコーディネートだと確信することができたのです。そこからは、常にこのルールを死守しています。

正直、ここまでこだわりを持っていると、時代に取り残されているような感覚にさいなまれることもあります。スニーカーがトレンドの今なんて、その最たる例（笑）。でも、今っぽさを追求するより、自分の顔の雰囲気や骨格に似合うスタイルを貫くほうが輝けると思うのです。また、制服を着ていた頃と同じで、ルールの中でセンスをブラッシュアップするのも楽しいんですよ。

NO. 037

美脚になりたければ365日
同じ高さのヒールを

20歳くらいから、足元は決まって11cmのヒール。誰かにそう話すと、「10cmじゃダメなの？」と質問されるのですが、その1cmの差が思いのほか、大きいんです。横から見たとき、私の脚を一番綺麗に見せてくれる高さが11cm。これは、いろいろな靴を履いてみた経験から導き出した答え。

もともとヒールが好きで、子供の頃からヒールの似合う女性になるのが憧れでした。そして大人になり、ヒールを履くようになるうちに、日によって高さが異なる靴を履くと「どうしてここが？」というパーツが筋肉痛になることに気づきました。また、娘の妊娠中〜生後3年くらいまでぺたんこやそれに近い高さの靴を履いていた時期があったのですが、その期間に確実に脚が太くなってしまったんです。そして一定の高さのヒールを履き続けると、その日の脚をキレイに見せてくれる上に、その脚のシルエットを形状記憶してくれる効果があることに気づきました。また、身体を安定させようと無意識に背筋が伸びるので、姿勢もスラリ。仕事の日も、一日中外回りの日も、11cmヒールがパートナー。毎日ヒールで歩くことで脚の筋肉が備わっているので、全然苦になりません。美脚は1日にしてならず。あなたも、自分のスタイルを引き立ててくれる運命のヒールに出合って。

デイリーの5足

Daily shoes

日常使いにしているパンプスがこの5足。夏以外は基本はブラック。タイツとのつながりで足元を美しく見せてくれるので、重宝しています。ウェッジソールのものはものすごくヒールが高いようにうつりますが、履いてみると傾斜がゆるやかなので、ガンガン歩きたい日に指名。いつもより女っぽさに重きをおきたいときは、ネイビーをチョイス。素肌と合わせてもコントラストが強すぎず、抜け感が出るので欠かせません。

01 BRAND:
sergio rossi
セルジオ ロッシ

02 BRAND:
sergio rossi
セルジオ ロッシ

03 BRAND:
BALENCIAGA
バレンシアガ

04 BRAND:
Charlotte Olympia
シャーロットオリンピア

05 BRAND:
Gianvito Rossi
ジャンヴィト ロッシ

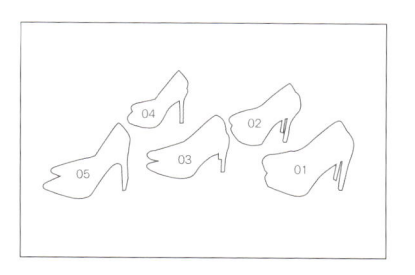

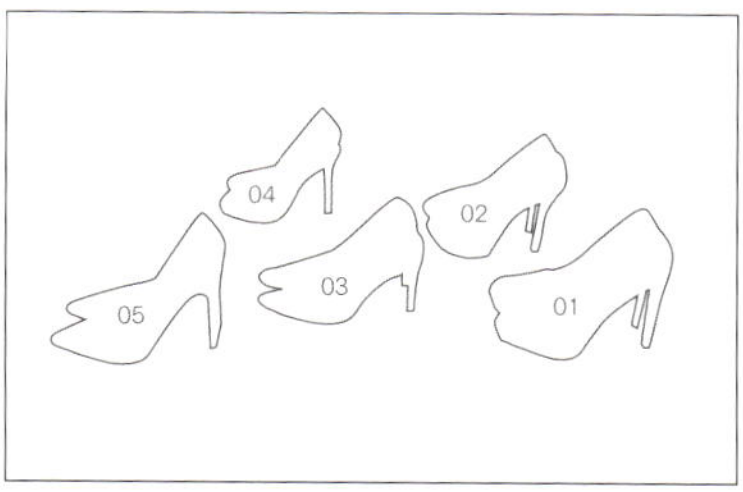

とっておきの日のための10足

Special day shoes

素足を通したとき、肌色の延長線になる色のほうが脚を綺麗に見せてくれるから、とっておきの日には必ずピンクかピンクベージュのパンプスを。ワードローブにピンク系の洋服が多いので、コーディネートがハマりやすいのも理由のひとつです。購入するときは必ず試着して、横から見たときのシルエットと履き心地を確認。どんなにデザインがステキでも、足に合わないものでは長く歩けません。走れるくらい軽やかなものを。

BRAND:
VALENTINO
ヴァレンティノ

BRAND:
MiuMiu
ミュウミュウ

BRAND:
SAINT LAURENT
サンローラン

BRAND:
Charlotte Olympia
シャーロットオリンピア

BRAND:
CASADEI
カサディ

BRAND:
MiuMiu
ミュウミュウ

BRAND:
Charlotte Olympia
シャーロットオリンピア

BRAND:
VALENTINO
ヴァレンティノ

BRAND:
MiuMiu
ミュウミュウ

BRAND:
MiuMiu
ミュウミュウ

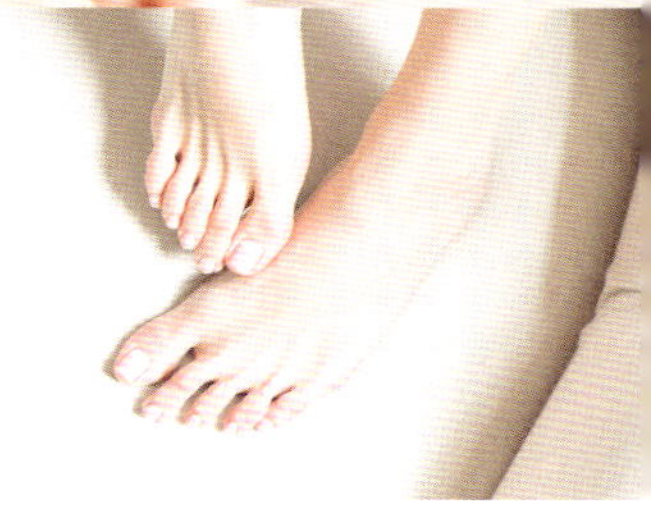

NO. 038

ネイルは
ヌードピンクが定番

ネイルのデザインは、この何年かでかなりバリエーションが増えましたよね。ただ塗るだけではなくペイントや3Dのようなアートもよく目にするように。もちろん、見ていてそういう指先に心が躍ることもあるけれど、私は遊び心やファッション性より、指先を綺麗に見せてくれるかどうかを一番大切にしています。

だから、色は決まってヌードピンク。肌から自然につながってくれる色で、なおかつ、肌色より血色感があるから、指先をしとやかに魅せてくれる。ピンク系のコーディネートが多いので、ファッションとリンクさせやすいというのもあります。普段は自分のサロンでジェルネイルをするのですが、必ず、ヌードピンクがベースの指先をオーダー。デザインは、なるべくシンプルを追求。先端をフレンチネイルにしたり、色みがステキなときは潔く単色塗りで仕上げてもらうこともあります。洗練されたシンプルな指先を追及するからこそ、土台となる爪のお手入れをきちんとしておくことも大切。素爪を整えておくことで、ジェルやポリッシュがなめらかにのって発色や質感をより引き立ててくれます。指先は案外、人の目につきやすいパーツ。清潔感をキープしておくことは、エチケットでもありますよね。

ポリッシュもヌードピンクで

セルフネイルのときも、手にするのは必ずヌードピンク。
トーン違いでいくつもコレクト。

01「コレ1本で十分綺麗なクリアピンクの色つきトップコート」。PS collection スキンネイル　PS ハードラップ ネイルコート ￥1,000／PLAZA

02「色のニュアンスがそのシーズンのトレンドに沿っていてステキ。毎シーズン楽しみにしているシリーズ」。ジェルカラーコート PK2 ￥950／エテュセ（限定）

03「理想の桜貝色がプチプライスで実現。透明感と自然なツヤで指先を綺麗に見せてくれる」。シュガードール オールインワンネイル 01 ￥900／エリザベス

04「スモーキーなトーンもボトルもおしゃれ。ジェルみたいな濡れ質感に」。ネイルズ インク ジェルエフェクト ネイルポリッシュ メイ フェア ￥2,800／ティー エー ティー

05「日本人の黄味肌になじむローズベージュ。ほどよいパール感が指先を優美に彩ってくれる」。AQ MW ネイルエナメル PK849 ￥2,000／コスメデコルテ

06「爪をケアする成分を配合。ケアしながらカラーが楽しめるほんのりピンク」。ミランガS ジェルトップコートモイスト ベビーピンク ￥1,300／IML

Care items

ネイルケアも大切なマナーの一部

どんなにステキなジェルネイルやポリッシュもボロボロの爪では台なし。指先をお手入れしておくことはエチケットのひとつでもあります。女性として必要な日々のケアを怠らないで。

（右から）「甘皮はもちろん、小爪やささくれもピンポイントでパチンとカット」。KOBAKO nails コンパクトニッパー ￥1,800、「甘皮を柔らかくして、ルーズスキンもキレイにオフ」。同 キューティクルリムーバー 10ml ￥1,800、「1, 2, 3の順番を追うだけでカタチ作りが簡単。爪へのフィット感も素晴らしい」。同ネイルファイル（オーバル）no.3 ￥1,200／貝印　「爪トラブルを寝てる間に浸透補修修復」。Dr Nail ディープセラム ￥2,600／興和　「甘皮の周りにしっかり塗ってもベタつかない。女性らしいローズの香り」。ネイル トリートメント オイル ￥2,500／レ・メルヴェイユーズ ラデュレ

ハーフアップ

耳の横の髪をねじって斜め上に引き上げながらバックでまとめて固定するだけでできる簡単スタイル。印象が女性らしく華やかに見えるよう、ベースは巻いてゆるふわに。

NO. 039

ハーフアップ、ひとつ結びで引き上げ力１割アップ！

How to

1 —

アイロンで事前に全体を巻いてベースをゆるふわに。耳上の髪を少量取って斜め上に引き上げながら、外側にねじっていく。

2 —

1でねじった毛束を、気持ち斜め上に引き上げながら後頭部に持ってくる。鏡を見て、顔の印象を見ながら固定する位置を調整。

3 —

固定する位置が決まったら、華奢なゴムで結ぶ。結び目を隠すようにバレッタなどのヘアアクセを飾ったら、できあがり。

リフトアップ
ポニーテール

ただのひとつ結びではちょっぴりそっけないので、耳の横の髪をねじるひと手間でアクセントを。位置をあまり高くしないことで大人っぽい印象をキープします。

私には、ヘアスタイルにも定番があります。いつも、ハーフアップか低い位置でのポニーテール。ナチュラルなダウンスタイルで過ごしているのは家の中とオフの日のリラックスタイムだけです。なぜって、これも印象を若々しく見せるためのちょっとした秘策。耳の上の髪を斜め上に引き上げることは顔のリフトアップにつながるのです。合わせるヘアアクセサリーは印象が格上げされるよう、上質で大人っぽいものを選ぶよう意識しています。

How to

1 —

顔回りの髪をよけて、それ以外の髪を手ぐしでポニーテールに。耳より少し高い位置に集め、トップを引き出してニュアンスを。

2 —

結んだらこの状態に。トップの髪を引き出すことは、結んでいる間、髪が引っ張られ続けて薄毛になるのを防ぐ意味合いも。

3 —

サイドのおくれ毛をそれぞれねじってポニーテールの結び目に巻きつけ、ピンで固定。その上にヘアアクセサリーを飾って完成。

NO. 040

難ありヘアと付き合う方法を知っておこう

01
ラックス
ブリリアント リッチ オイル
ベルベットタッチ

「高貴なパウダリーな香りが大好き。しかも、ピュアなオイルで構築されているんです。しっとりするのに重くない。寝る前につけて摩擦も軽減」。100ml オープン価格／ユニリーバ

02
コスメデコルテ
ドゥ ラ ヴィ
スタイリング スプレー

「髪をふわっとしたままホールド。ポニーテールを持ち上げながらスプレーするといい感じの空気感に。今まで20本は買ったかも。日中、手ぐしが通るところも素晴らしい」。150g ¥2,000

03
オーガニックウェイ
カラープロテクション ヘアバス

「髪の色が褪色して黄ばみやすいのを改善しようと取り入れたら、カラーリングしたてのコンディションがキープできるようになって、びっくり。本当に変わりますよ」。240ml ¥3,200／AMATA

04
オーガニックウェイ
リビルディング スプレイ

「髪にハリとコシをもたらしてくれるスプレーは、猫っ毛の私にとって最重要アイテム。手に2〜3プッシュ取ってから、乾いた髪になじませて使います」。100ml ¥3,600／AMATA

05
オーガニックウェイ
シルク アンド グロー ヘアマスク

「枝毛とパサつきが深刻だった髪が使って1週間もしないうちに改善！ 奇跡が起きたみたいなツヤ髪に。湿度の高い日に気になっていたうねりも軽減してくれる」。150ml ¥3,000／AMATA

06
サシャワン
インテンシブ ヘアオイル

「髪にスーッと浸透して、水分で満たされたようなツヤ感をもたらしてくれるところがお気に入り。パッケージもスタイリッシュでステキ」。50ml ¥5,300／ジョージオリバー

07
サシャワン
オーシャン ヘアミスト

「理想のふわっとして無造作なボリュームを叶えてくれるヘアミスト。スプレーした後に手でもみ込むだけで、ラフな抜け感を演出」。150ml ¥3,000／ジョージオリバー

私の髪はクセ毛で猫っ毛。クセ毛が直るシャンプーに飛びついたり、縮毛矯正をしたり、これまで涙ぐましい努力をして過ごしてきたのですが、その結果、今度はダメージが進行。途方に暮れていたところで、髪のスペシャリストであるＡＭＡＴＡの美香さんに出会いました。ここでカラーリングやトリートメントをしていただくようになってから、ダメージがみるみる軽減。あんなに悩んでいたクセも改善されてきました。せっかくのコンディションをキープしなければと、ヘアケア剤やドライヤーもなるべく髪に優しいものに。結局のところ、髪をいたわることが難ありヘアと上手に付き合っていく最良の方法なのかもしれません。

BODY POWDER
ボディパウダー

「入浴後、ボディクリームを塗った後にボディパウダーをパタパタはたいて、肌をさらさらに整えてからパジャマを着るのが習慣です。女性らしい気持ちを運んでくれるシャネルとユニセックスなムードのペンハリガンをその日の気分で使い分けています」

BODY OIL
ボディオイル

「(右から)ラデュレのボディオイルは肌をふっくら柔らかくしてくれるのにベタつかないから、おやすみ前に。シャネルのココ・マドモアゼルはパーティで肌を見せるときのツヤ出しアイテムとしてマスト。さりげないのに存在感のある香りなので、香水の代わりとしても大活躍」

CANDLE
キャンドル

「友人からお土産でいただいたTWGのキャンドルは、ホワイトアールグレイの香り。紅茶専門店ならではの本格的な調香に思わずうっとりしてしまいます。お風呂の中でバスタブにおいたりボディケアをするときに。ティータイムみたいにホッとひと息をプレゼント」。

FRAGRANCE
フレグランス

「(右から)トム フォード ビューティのサンタルブラッシュ、DAWN パフューム フォーミュラエックス、ペンハリガンのアルテミシア、クルジャンのローズ。自分だけの香りを楽しめるDAWNにクルジャンを混ぜて使うのがお気に入り。必ず、誰かに褒めてもらえます」

NO. 041

スイッチオフの儀式に 大好きな香りを用意して

BODY SCRUB
ボディスクラブ

「(右から)クレ・ド・ポー ボーテのスクラブはマッサージしながらなじませるとお尻もつるんつるんに。シャクヤクの香りが女らしさを呼び起こしてくれる。夜に使うことが多いです。TOCCAのジュリエッタの香りはスウィートでフレッシュ。1日の始まりに愛用しています」

BATH OIL & BATH SALT
バスオイル＆バスソルト

「(右から)SWATIの入浴剤。甘い香りでシルキーな肌へと導いてくれる。ポールシェリーのオイルは発汗作用が高く、芯から温めてくれます。DR.HARRISのリキッドは、世界で一番好きな香りと言っても過言ではないかも。SWATIのバスソルトは汗をたくさんかきたい日に」

BODY WASH
ボディウォッシュ

「(右から)TOCCAのジュリエッタ、ローラ メルシエのフィグ、タルト オシトロンをヘビーローテーション。どれも泡立ちが良くて、しっとりとした洗い心地に感動。1日頑張った自分を解きほぐしてくれるから、ボディは心から好きな香りで洗うように心がけています」

BODY CREAM
ボディクリーム

「(右から)肌に優しいTHYMESのボディローション。Sweetleaf babyはパウダリーな香り。Kimono Roseはパウダリーローズの香り。レディなクロエ、なめらかなドゥラメール、エイジング効果も狙えるシスレー、ババロアみたいなラデュレを気分に合わせて」

日々の生活は楽しいことばかりでなく、思い通りにいかずに悶々としたり、時には涙を流してしまうことも。でも、映画のヒロインみたいに翌日からエスケープするわけにもいかない。そんな大人の女性を窮地から救い出してくれるのは、大好きな香りだと思います。バスルームや寝室で心地良い香りに包まれると、それだけで気持ちがどんどん和らぎ、いつしかイヤなことなんて記憶の彼方へ。お気に入りの香りをいつも身の回りにおくことが、毎日のハッピーにつながっていくんです。

NO. 042

ピアスは自分を完成させるためのラストアイテム

私は普段、アクセサリーをジャラジャラとつけるタイプではありませんが、ピアスだけは必須。顔回りを華やかにしてくれたり、印象をきちんと見せてくれたり、優しいムードをもたらしてくれたり。その日のメイクやファッションと組み合わせることで、なりたい印象により近づけてくれるアイテムだと思うのです。

ただし、取り入れる際には、あまり大ぶりのものや個性的なデザインのものを選ばないようにしています。見た目の印象は、ヘア、メイク、ファッション、アクセサリー、すべてのバランスで決まるもの。ピアスだけ主張が強いと、どこかちぐはぐにうつってしまうと思うので、存在感はありつつもシンプルで女性らしいものを選びます。人の目につきやすいパーツだからこそ、さりげないニュアンスで大人のおしゃれを満喫できたらいいですよね。

NO. **043**

自分の好きな色を味方につけよう
女性に生まれたことを楽しめるから

03 COLLAR

02 BAG

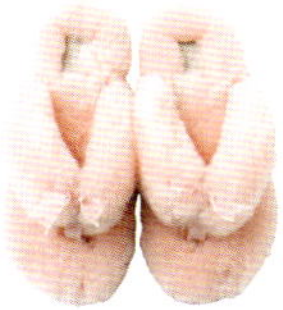

01 ROOM SHOES

06 BEAUTY HONEY

05 SMALL LEATHER GOODS

04 BRUSH

09 BAG

08 HAIR ACCESORIES

07 BAG

01UGGのルームシューズ。「気持ち良くて冷え防止にもつながるから一年中愛用。02delveauのコンパクトバッグ。「パーティなどでコーデの差し色に」。03ブルーガールの付け襟。「シンプルなニットに合わせて、顔回りの印象を明るく」。04メイソンピアソンのブラシ。「とかすだけで髪がツヤツヤに。娘が幼稚園のときに購入して以来、親子で愛用」。05革小物もピンクで統一。「長財布はクロエ。小銭入れはヴァレクストラ。名刺入れはスマイソンで購入」。

06HACCIのビューティハニー。「ハチミツの上質さもさることながら、カバーの可愛さに感激。喉に不調に感じたときに口にしたり、紅茶に入れて風味を楽しみます」。07ミュウミュウのクラッチバッグ。「パーティのときの差し色に」。08フランス ラックスのカフポニーとラドローの子供用ゴムとアレクサンドルズアリのリボンのヘアピン。「小ぶりでさりげないところが好き」。09ハナエモリ マニュスクリのバッグ。「ころんとしていて可愛い。ショルダーっぽく使えるところも便利」。

私は気分を上げたいとき、決まってピンクのものを身に着けるようにしています。ピンクは無条件に女性でいることを楽しめる色だし、女性ホルモンを高める効果も期待できる素晴らしい色。ピュアなベビーピンクからポップなフューシャピンクまで、バリエーションが豊富なところもうれしいですよね。ちょっぴり大げさだけど、スキンケアで肌の透明感をキープしているのも、もしかしたらいつでもピンクが似合う自分でいたいからなのかもしれません。

10 YOGA WEAR

11 CANDLE

12 BAG

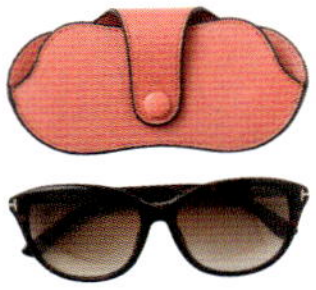

13 SUNGLASSES

14 STATIONARY

15 VANITY CASE

16 UMBRELLA

17 BAG

18 FRAGRANCE

10ヨガウェア。「月1回のデトックスヨガは必ずこれで。11（右から）ロースエマリウスのキャンドルはフィグの香り。「ディプティック×オリンピア・ル・タンのコラボキャンドルは一目惚れしてジャケ買い。スウィートローズの香り」。12フェンディのバッグ。「ピンクと若草色のコンビにときめきました」。13ヴァレクストラのサングラスケース。「薄くコンパクトに収納できる」。14ステーショナリーもやっぱりピンクに。「モレスキンの限定色は2冊セットを5セットまとめ買い」。よく行くショップは伊東屋やPLAZA。15メイクアップポーチはロイヤルハワイアンホテルのオリジナル。「撥水効果のある素材でコスメを整頓しながら入れられる」16遮光率99％の日傘はラルフローレンのもの。「内側はグレーで光はきちんとシャットダウン」。17バレンチノのスタッズバッグ。「どんなコーデにもピッタリ」。18ディプティックの練り香水。スィートローズの香り。「11のキャンドルと同じく、オリンピア・ル・タンとコラボ。ポーチもキュート」（すべて本人私物）

Miho's Beauty 24h

サロンに出勤する日の私のタイムテーブルは、いつもこのようなかたち。

撮影など美容家としてのお仕事はサロンの定休日に入れているのでオフはほぼありません。

でも、辛いどころか毎日が充実感で溢れています。

8:00 起床

▽まずは口をゆすぐ「体内に雑菌が入るのを防ぎます」
▽歯みがき
▽白湯をコップ1杯

むくみレスで1日をスタート

朝の美容カクテルに

（右から）「Plosionの炭酸ミストは最新のものを愛用。さらさらタイプのローションを入れて顔筋に沿ってスプレーすると、むくみがすっきり」、「肌の水分と脂分の量を数値化してくれる"トリプルセンス"。この結果によって、朝のスキンケアの内容や使うコスメをアレンジします。サロンにも常備」、「kazuの粉末酵素はお湯にといて飲みます。体調に合わせて1~4包」、「田中マヤちゃんプロデュースのアサイードリンク"マイレ"。ヨーグルトや炭酸で割って飲みます。おいしい上に抗酸化力も備わっていて、スゴイ。見た目もおしゃれ」ヘアビューサー エクセレミアム2。「ブローの仕上げに冷風を髪に当てるとツヤとうるおいがアップ」

2つを混ぜてホワイトニング効果UP！

お気に入りのカップ

カップはスージークーパーのヴィンテージ。ヴィンテージショップが大好きで、おやすみの日は巡ったりもします。一番のお気に入りは日比谷の帝国プラザ。歯みがきに使うアイテムは2種類。スーパースマイルの歯みがき粉を毎日使い、週に1回だけホワイトニングペーストでお手入れして、白い歯をキープします。

9:00 準備

▽シャワー→Plosion の炭酸ミスト
▽20分スキンケア「スキンチェッカーで肌の水分を測ります」
▽酵素ドリンク（KAZU）を飲む。「飲み始めて4年目。粉末でお湯にといて飲む。体調に合わせて1～4包。アサイードリンクを炭酸で割って飲むことも」
▽メイクスタート「髪はティッシュでキュッと水気を取るだけ」
▽メイク後に髪を乾かす

10:00 出勤

11:00 サロンオープン（施術、打ち合わせなど）

14:00 アモーレパシフィックのモイスチャーバウンドミストをかける

「サロンに着いてすぐのタイミングと、日中、乾燥が気になったときに。霧が細かくて肌を優しく包み込むようにうるおしてくれるんです。メイクの上からかけてもヨレないところも素晴らしくて、大好き」

15:00

休憩、スープランチ

▽疲れやすすみを感じたら、ビタミンをチャージ

この2つをミックス

「リポカプセルビタミンCをKAGOME GREENSのYellow mixで割って飲みます」

夕方のたるみを感じたら

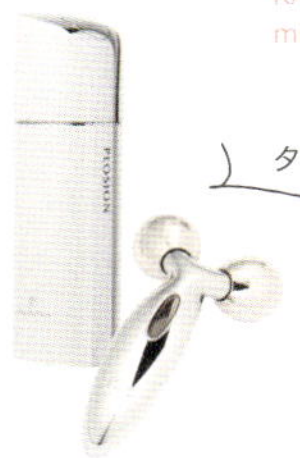

「ReFa CARATを脚にコロコロしてむくみを解消。ハンディタイプのPlosionを首筋の周辺に吹きかけると輪郭がシャープに」

20:00

仕事アップ

21:00

帰宅して夕食

「夕食は、なるべく自宅で。炭水化物は摂らず、たんぱく質が中心のメニューに。同量の野菜もいただきます」

22:30

バスタイム

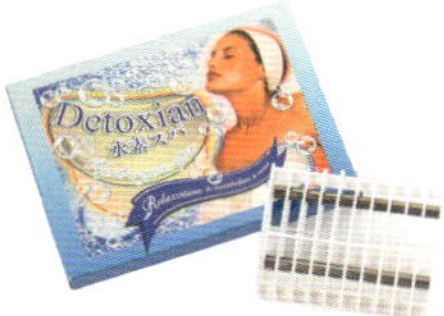

「バスタブには必ず、デトキシャン水素スパを。水素バスが、身体を芯までポカポカにしてくれて、しかも、朝まで続くんです」

23:00

ビューティタイム

▽フットマッサージ

▽美容日記をつける

「スキンチェッカーの結果、その日のスキンケア、生理周期と肌トラブル、サプリ、美容皮膚科に通った記録、コスメ情報などをできる範囲で丁寧に記録」

ココナッツオイル

フラックスシードオイル

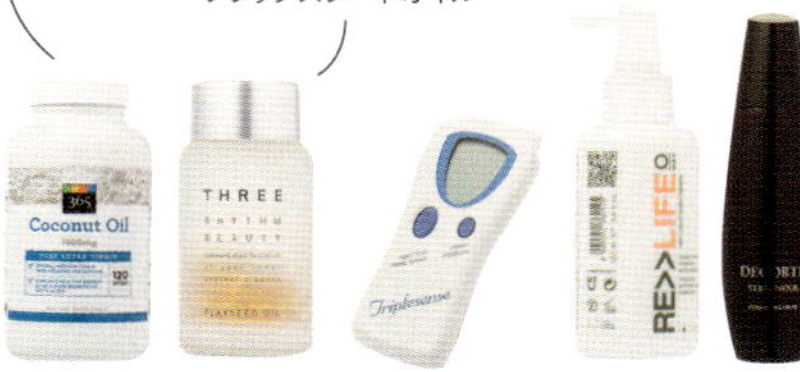

(右から)「コスメデコルテのステムノワールは健康な髪を育むために必須。頭皮になじませてマッサージします。オーガニックウェイのリライフも頭皮ケア。週1回のスペシャルケアに。夜もトリプルセンスで肌の水分と油分のバランスをチェック。結果によっては、夜のスキンケアを念入りにすることも。THREEのリズムビューティ フラックスシードオイルは、インナーケアでもオイルを取り入れようと飲み始めました。肌のツヤ感がアップしたし、まつ毛にコシが出てきた気がする。最後はココナッツオイルのサプリ。ホールフーズマーケットのオリジナルです」

入浴後はセルライトを撃退

リンパ流し

脂肪燃焼

引き締め

(右から)「ポールシェリーのリンパハーバルオイル、エラバシェのデリビデックス7.6、クラランスのクレームマスヴェルト。ポールシェリーはむくみ解消に、エラバシェとクラランスはセルライト撃退のために欠かせないもの」

24:00 ~ 26:00

就寝

▽雑誌のアンケートなどの雑務をこなす

寝る前にホッと一息

「kappaのカモミール&ハチミツティー。心が安らいで寝つきが良くなるんです」

CHAPTER IV
Heart

内面から輝く美しい人を作る心のルール

ここまで見た目の美しさが
いかに大切かをお話ししてきましたが、
外見を磨くのと同じくらい
内面を磨くことも人生において重要なこと。
やはり心が豊かな人は自然と
見た目にも輝いていますよね。
それは、年齢を重ねるほど顕著に。
外見と内面はいつだって
共鳴し合っていることを忘れずに、
これからの人生を歩んでいきましょう。

METHOD NO.
044 / 058

NO. 044

歳をとるのはやっぱり怖い！
だから、頑張る

顔がシワシワになって、背が曲がって、歩き方もヨボヨボになって……。加齢は誰に対しても平等に起こることなのに、自分がおばあさんになる日のことを想像して、怖くてたまらなくなることはありませんか？　かつて、私もそうでした。でも、だからといって、泣き寝入りしてしまったら、そこで試合終了。時の流れを逆行することはできないけれど、努力次第では、ゆるやかに年齢を重ねていけるようスピードを落としてあげることはできるのではないかと考えるようになったのです。

そもそも、「歳をとるのが怖い」と言い続けていても何の解決にもならないし、時間が巻き戻ったりもしない。そんなことを言っている暇があったら、その時間を使ってできるスキンケアを実践するほうがよっぽど有意義ですよね。そして、未来の肌の美しさの明暗を分けるのが、30代までに蓄えたスキンケアの〝貯金〟。30代の10年で「もう年だから」と自分に言い訳をせずにいかにお手入れを続けられたかが、40代になって表れると思うのです。自分の肌の欠点も、長所もバランス良く見つめて、伸ばすところは伸ばし、改善すべきところは念入りに手を加える。そんなふうに日々のお手入れを積み重ねて、今日より明日、明日より明後日の自分を愛せるようになれたら最強だと思うんです。

時間は誰の上にも平等に流れているもの。どんなに抗おうとしても、時を止めることはできません。世界的に見ても、日本は年齢で評価されやすい文化ですよね。特に女性に関しては若ければ若いほど価値があるという観念が不思議と世の中でまかり通っている。だから、30代になったら「だって私もう30歳だし……」とやたらにへりくだったり、40代に突入した頃にはこの世の終わりみたいな気持ちになっている方をよく見かけるのですが、そのマインドがそもそも大きな間違い。諦めたらダムが決壊するようにエイジングサインが加速すると思うのです。

そう思わせてくれたのは、サロンのあるお客様。この方は70歳で初めてのご結婚をされたばかりなのですが、旦那様のために綺麗でいることをいつも心がけていらっしゃるんです。その姿のまぶしいことと言ったら！　しかも、来店されるたびに、どんどん磨きがかかっていくんです。もちろん年齢相応のシワはあれど、印象はピチピチ。彼女に出会って、女性は自分の心持ちと努力次第で何歳になっても綺麗になれることを目の当たりにしました。だから、現状維持するなんて甘い考えは捨てて、私は進化を選びたい。だからこそ1年でマイナス1歳、肌年齢を若返らせるよう意識しながら日々のスキンケアを実践しています。

NO. 045

“現状維持”より“進化”を選ぼう

NO. 046

否定からは何も生まれません

「私なんてどうせ何をしても綺麗になれないから」。自分のことを否定することは、誰でも簡単にできます。でも、それって実は、本音とは裏腹。女性として生まれた以上、誰にでも少なからず〝綺麗になりたい〟、〝綺麗でいたい〟という思いは心の根底にあるはずなのです。それなのに、自分を磨くことから逃げたり、努力しない言い訳をすることを始めたら、それは際限のないものに。とにもかくにも、否定からは何も生まれないですよね。

　では、どうしたらいいのかと言えば、ありきたりですが、まずは自分の中にある可能性を見つけてあげること。それが、どんなに小さくても、です。そして、「ここは改善できそう」というポイントを見つけたら、毎日のお手入れでその美しさを引き出してあげる。そうしてひとつが変わると、今度はその事実に心の向きが後ろから前へとシフト。その頃になると周囲の人から「綺麗になったね」なんて褒められたりして、綺麗になることにさらに前向きになれる。自分の欠点ばかりに目を向けるのではなく、長所もきちんと認めてあげられる。繰り返し口にしていた「私なんて」が「私だって」に変わったりして、綺麗がハッピーなストーリーをどんどん紡ぎ出していく。否定するより前向きでいるほうが、毎日が断然輝いてくるのです。

NO. 047

ないものねだりは美を遠ざける

ダメだとはわかっていても、自分と他の誰かを比べて羨ましくなることって、ありますよね。「もう少し目が大きかったら」、「あとひと回り顔が小さかったら」、「鼻筋がもっと通っていたら」……。自分の見た目で直したいところを挙げ出したら、キリがなくなることも。でも、どうあがこうとも、自分は自分。他の何者にもなることはできないのです。日本の女性はよく欧米人の顔つきに憧れて、いわゆる〝彫り深メイク〟をしていますが、どんなにうまく作り込んだところで、わざとらしさは拭い切れません。そんなふうにないものねだりをして、無理矢理憧れの何かに自分を寄せるより、自分らしさを生かすほうがよっぽど印象が魅力的になると思うのです。

すっきり一重や奥二重の人は日本人らしい和風美人を目指せばいいし、凹凸が少ない顔立ちの人は、幼さや愛らしさを生かすようなメイクをすればいい。自分の持ち味を生かした世界にひとつだけの綺麗を目指すほうが、見た目が魅力的にうつる上に、心の幸福度もアップします。だから、まずはありのままの自分を愛してあげて。自分のチャームポイントを見極めて、そこを伸ばしてあげることが綺麗を飛躍させるための第一歩。これは外見だけではなく、ライフスタイルにも同様のことが言えると思います。

私はいつも、バッグにハンドミラーを忍ばせています。こうしておけば、外出先でも自分の“今”をチェックすることができるから。ラデュレのミラーはアンティークなムードもお気に入り。

NO. 048

鏡で真実と向き合うことが美人への第一歩

今よりもっと美人になりたいと願うなら、まずは、真実の自分と向かい合うこと。鏡の前に立って、隅々まで、自分の顔をよーく見つめてみて。サロンに通ってくださるお客様で、トリートメントが終わった後、仕上がりのお顔をチェックしていただこうとすると「見たくない」と目を背ける方が多いのですが、その行動は、綺麗になる芽を摘んでいるようなもの。「こんなところにシワができ始めてる！」、「目の周りがくすんできてる！」、「いつのまにこんなに大きなシミができたの？」。そんなふうに自分の欠点に気づけたら、綺麗をジャンプアップさせるきっかけをつかめたのも同然。くすみがひどければ日々のお手入れに美白美容液を1品取り入れてみることができるし、乾燥が深刻ならいつものケアに＋αで保湿マスクをするという策が取れる。どんなにつらくても、真実ときちんと対峙することで、今後、どんなケアをすることが自分にとって有効なのかが浮き彫りになります。

ピンチはチャンスとはよく言ったもので、今あるトラブルを改善できた分だけ、美人度がアップします。つまり、肌の欠点は自分にとっての〝伸びしろ〟なのです。鏡が苦手な人は、インテリアに取り入れるのも手。鏡の前を通るたびに、否応なしに自分の現状をチェックできますから。

NO. 049

夢がないって恐ろしいこと
いつだって目標を持っているべき

みなさん、子供の頃の夢は何でしたか？　あの頃は、目の前にただただ未来しか広がっていなくて、やりたいことやなりたいもので溢れていましたよね。そんな気持ちは、大人になるにつれ、どんどんしぼんでしまう。美容に関しても、そうです。20代の後半くらいから肌のコンディションがゆるやかに右肩下がりになっていくと、「これ以上何かお手入れしても若返れるわけじゃないし」などとサジを投げ始める人が増えてきます。けれど、それってとても恐ろしいことだと私は思います。人生が続いている限り、今よりもっとキラキラした毎日を目指して自分を磨いていかなくちゃ、一度きりの人生がもったいないですよね。

この本の中でもう何度も繰り返している通り、人生は諦めたらその時点で何もかもが終わってしまうのです。でも、「もっと透明感のある肌になりたい」、「うんとスリムになって、あの服を着こなしたい」など、具体的な目標を掲げれば、そこに向かって邁進して行ける。年齢なんて関係なく、目標を持った者勝ちなのではないでしょうか。私の場合は、今年より来年のほうがもっと、肌の見た目年齢が若くなるように、日々のお手入れをすることが目標。そう意識するだけで、いつものスキンケアがもっとずっとその効果を発揮してくれる気がするから、不思議です。

NO. 050

美のインプットをしよう

今よりもっと美しくなるためには、何かを見て、触れて、美しいと思える価値観を養うことが大切だと思います。好きなブランドの靴でも、絵画の色使いでも、その日の空の色でも、思いを馳せるものは何でもいい。ただ、自分の〝綺麗のアンテナ〟に引っかかったものは、必ずどうしてそれが美しいと思うのかを自問自答してみること。これは、人に対しても同じ。心や発言や笑顔が美しいと思う人に出会ったら、その人のどんなところに惹かれたのか、自分なりに紐解いてみてください。その作業を繰り返すことで、自分が何を理想として何を目指しているのかという綺麗の目標が明確になってくるのではないかと、私は思います。

また、いつも美意識を高い位置でキープできるように、自分の周囲にお気に入りのものを配置することも有効的。そんなふうに、日々の生活の中にインスパイアを運んできてくれるものに触れ、様々な美的センスをインプットすることが、自分の心を豊かにし、綺麗をアップデートしてくれると思うのです。ただし、自分のアイデアだけでは今以上の自分になることは難しいので、時には他者をお手本にすることも視野に。「こんなふうになれたらステキだな」という女性の真似できそうなところを自分の中に取り入れることで、新たな綺麗をきっと見出せるはず。

Miho's favorite Books

ファッションやフラワーコーディネートなど、フォトブックを
めくる時間は美意識やインスピレーションを培う大切なひとときき。
眺めているだけで心がほぐれる、愛おしい時間でもあります。

03
FLOWER WORKS

02
Dior NEW LOOKS

01
All The Heart Nantucket
Baskets Weave Wave 2010

05
Van Cleef & Arpels
Alhambra

04
IN LOVE WITH Me
WEDDING STATIONARY
DESIGN

01「ボストンの近くのナンタケット島で作られている、ナンタケットバスケットの展示館に出品された作品がぎっしり。実は3年前からお教室に通っていて、今までに4つのかごバッグを作りました。この本をめくりながら次回作に胸をふくらませています」。02「タイトルの通り、ディオールのルックが踊る一冊。ドレスの美しいシルエット、メイクとのバランス、どれをとってもうっとりするほど美しい。"本物"を見て目を養うことって、大切ですよね」。03「表紙を開くと、いくつものブーケやフラワーアレンジメントが。忙しくて毎日お花を生けるのは難しいけれど、そんな毎日でもせめてお花がそばにある生活を送りたいと思い、いつも何かしらお花の本を手にしてしまいます。カバーの色彩がステキなこの本は、飾ってインテリアにも」。04「ウェディングにまつわるペーパーのデザインや作品がたくさん。色の組み合わせ、文字の配置などをよく参考にさせてもらっています」。05「ヴァンクリーフ＆アーペルの作品集は美的感覚を高めたいときや、元気が欲しいときに。眺めているとジュエリーのパワーがもらえる気がするんです。ジュエリーのデザインをヒントに思いついたネイルのデザインを自分のサロンのネイリストさんに伝えて、次回作の参考にしてもらったりもします」。

　私が通う鍼の先生が教えてくれたことによると、どうやら、人は脳に支配されているようなのです。具体的に言うと、「どんなに食べても太らない」と思ったら、本当に太らない。実際、私も夜甘いものを口にしたときに「太るかも」と思っていたマインドを「自分へのご褒美として食べるんだから太るわけない」と思うようにしたら、体重が安定。理想のスタイルを簡単にキープできるようになりました。これは、肌やメイクの仕上がりに関しても同じこと。「今日の私、イケてる」と思ったら、それだけで表情が輝き出したりする。逆に、38歳のときに「もうアラフォーなので」と口にするようになった途端、たちまち全身がたるみだしたことがありました。そのくらい〝思い込み〟の力は絶大。ポジティブな思い込みをするだけで、状況は1~2割増しでステキなほうに転がっていくのです。都合のいい思い込みは魔法の言葉。頭の中で何度だって唱えて。

NO. 051

“思い込み”で
すべてをコントロールせよ

NO. 052

便利なものとそうでないもの
使い分け上手が美人のカギ

スマートフォンやスーパーの宅配サービス。この数年で世の中のシステムや私たちを取り囲む環境はどんどん便利になりました。生活をする上ではスムースになったことも多いけれど、その反面、失われている大切なことも案外多い気がしているのです。たとえば、ネットショッピングをすれば欲しいものがピンポイントで注文できるけれど、店頭で「こんなものがあるんだ」という新たな発見ができるチャンスは逃しているかもしれない。些細なことですが、積み重なるとただ合理的なだけの毎日になりそうな気がして、少し心もとない気持ちにもなります。スキンケアも同じこと。ワンステップですべてが完了するような便利なアイテムがたくさん発売されていますよね。それはそれで、すごく便利。実際、私も、疲れて深夜に帰った日はかなり頼りにしています。でも、毎日そればかりに寄りかかるのは少し違うかな、とも思うのです。肌は手をかけてあげた分だけ綺麗になって応えてくれるから、時間に余裕があるときは面倒でもステップを重ねたスキンケアをするべきではないでしょうか。肌をじっくり触ることで、自分の変化にも気づくことができたりと、付随するメリットもたくさん。面倒なケアにこそ綺麗を飛躍させるチャンスがあることをよく理解した上で、便利なアイテムの力を借りる、そんな緩急をつけて。

人間関係の中で生きていると、そのときに対峙している人との間に微妙な価値観のズレを感じることってありますよね。そんなとき、つい「どうしてわかってくれないの？」という思考に頭の中が占拠されて、相手との溝を埋めようと働きかけてしまいがち。でもそこで、一度深呼吸をしてみて。知らないうちに生じてしまった違和感は無理に埋めようとするのではなく「そういう価値観もあるよね」と相手を受容して、前向きな意味で一旦、距離と時間をおいてみることをオススメします。一時はつらくても、時間の経過とともに関係を再構築できることもあると思うのです。年齢や人生経験を重ねると共に、人間の価値観は多様化していきますよね。結婚や出産の選択肢が用意されている女性はなおさらのこと。価値観は人の数だけ存在するのですから。

　コスメと人の関係にも似たようなところがあります。みんながいいと言っている最新のケアやコスメに興味が持てないことって、ありませんか？　そんなときは取り入れようとせず「あのケアは素晴らしいけど、私には必要ない」というジャッジでいいのです。自分と人、自分とコスメ。お互いを受け入れた上で自分にとって必要で心地良いものを取捨選択できるようになったら、それだけで女としての質が上がる気がします。

NO. 053

いらないものは淘汰されていく
それを受け入れるか受け入れないかで
女の質は変わる気がする

NO. 054

悶々としたときは、メイクの練習でリセット

仕事で予期せぬトラブルに見舞われたときや、いいアイデアがまったく浮かばず悶々としてしまったときは、何か好きなことをして気分をリセットしたり、気分転換するようにしています。

私の場合、好きなこと＝メイク。むしゃくしゃしたときは、メイクの練習をして気分をリラックスさせるようにしています。帰宅後ならば、後からクレンジングをするのだから、どんなメイクもやりたい放題。購入したまま一度も使っていない新作コスメを試したり、普段はしないような冒険メイクも、このときばかりは思う存分満喫できます。そんなことを繰り返して、「このアイシャドウ、案外似合う！」、「このハイライトテク、明日から使えるかも」なんて思っているうちに、いつしか気持ちもクールダウン。ラッキーな夜は普段のメイクをバージョンアップできるアイテムやテクニックを発見できることもあったりして。その後、練習したメイクをクレンジングで洗い流す頃には、さっきまで心の中でざわざわしていた気持ちも、水と一緒にキレイさっぱり。昼間にはどうしても浮かばなかった名案が突如、降臨することも。そんなふうに煮つまったときに気分をスイッチできる術を持っておくことは、大人の女性にとって必要不可欠だと思うのです。あなたの気分を変えてくれることは、何ですか？

NO. 055

継続することが
苦じゃなくなったら勝ち

私が普段しているスキンケアについてお話しすると、決まって「そんなにステップを踏むなんて、つらそう」、「ストイックだね」と言われるのですが、実は、案外そうでもないのです。みなさん、肌のお手入れを義務だと思っていませんか？　実は、私にとってスキンケアは綺麗をキープする上で当たり前にしなくてはならないこと。決して大袈裟な表現ではなく、呼吸をするのと同じくらい自然なこととして捉えているのです。そして、そう思いながらお手入れを続けていくと、その気持ちに応えるかのように二段跳び、三段跳びをする勢いで、肌の美しさは加速していきます。そして、その事実がスキンケアを継続することの喜びをプレゼントしてくれる。一度そのループに乗ってしまえば、毎日のスキンケアは苦どころか楽しみに変わってきたりします。

　かくいう私も、すべてをストイックに突きつめるのではなく、夜はシンプルなケアに徹したりします。疲れて深夜に帰ってきた日は無理せず、最低限のステップで済ませて、その分を朝に回してあげる。いつもより少し早起きして、念入りにお手入れをします。こうして自分なりの〝抜きどころ〟を設けていることも、スキンケアを楽しみながら継続できる理由なのかもしれません。無理せず、楽しくをモットーに。

容姿がどんなに美しくても、ただ着飾っているだけでは誰かの目にさほど魅力的にはうつらない。そんなふうに感じることはありませんか。人は年齢を重ねるほどに、その傾向が強くなっていくような気がします。心にトゲを抱えている人は、どんなに美人でも眉間にシワが寄っていたりしますよね。その人のマインドがもたらす表情筋のクセは嘘をつけず、口ほどに雄弁になってしまうから、〝付け焼き刃〟はすぐにお見通しになってしまいます。

その反対に、とびきりの美人というわけでもないのに、その美しさについ見入ってしまう人もいます。そういう人は決まって、心の中に豊かな美の感性を持っています。そして、それは同時に美に対する底知れないキャパシティを持ち合わせていることを示しているのだと思います。

昔からよく「人は見た目ではない」と言う言葉を耳にするけれど、「人は見た目でもあ

る」と、私は考えます。なぜって、その人の性格やハートは、必ずその人が醸し出す雰囲気となって印象に影響を与えるから。〝美の感性〟といっても、世界中のいろいろなところを飛び回って、様々な芸術に触れるようなことばかりではありません。それももちろん大切だけど、たとえばすぐそばにいる立ち居振る舞いが美しい人を目にして、素直に憧れ、柔軟に取り入れることができる。そんな感性を持ち合わせていることが、その人の魅力に奥行きを与えてくれるのだと思います。だから、自分の内面や感性を磨くことは、人生において大切なミッション。いつでも、胸を張って自分のことを好きだと言える自分でいられたら、それだけで毎日が軽やかで、ハッピーに。そのオーラが容姿を自然と引き立ててくれるのです。外見と内面。一見、対極にあるこの2つの要素が共存して初めて、その人を魅力的にうつしてくれる。そのことを、いつも胸に留めて。

NO. 056

見えない部分に
美の感性がある人に、容姿を超えた
美しさのキャパを感じる

NO. 057

美人かどうかを決めるのは顔つきじゃなく、その人がまとうもの

目鼻立ちが整っていたり、肌がとてつもなく綺麗だったり。その人が美人かどうかを決定づけるのは顔の要素だけ？ いいえ。それよりも、その人がまとう空気感が物を言うと思うのです。どんなに美人でも、その人の口から発せられる言葉がネガティブなワードや愚痴ばかりだったりするとなんだかもったいなくうつりますよね。逆に、絶世の美女というわけではない女性が、話すときの物腰や視線の優しさでハッとするほど美しく見えたりする。そういう方は、決まって心にゆとりがあって、ハッピーなオーラをまとっているものです。

若い頃はみんな肌のコンディションが良いし、メイクやファッションである程度〝心のトゲトゲ〟を誤魔化せていたものが、30代以上になるとそうもいかない。40代に突入したらなおさら、応急処置では取り繕えなくなって、表情に如実に表れてしまう。これでは、スキンケアやメイクでどんなに見た目に磨きをかけていても台なしです。だから、なるべく、ポジティブな自分でいたい。日々の生活が納得のいくものになるよう、できる限り努力したい。物事を広い視野で捉えて、柔軟性のあるしなやかな心でいたい。そんなひたむきな姿勢こそが、女性に奥行きのある〝美人オーラ〟をプレゼントしてくれるのではないでしょうか。

NO. 058

自分の生き方だけでは
ここまでこれなかった
やはり他人は必要ということ

仕事も、恋も。以前は、自分のスタイルで突っ走っていたように思います。サロンに足を運んでくださる年上のお客様や周囲の先輩が何かアドバイスをくださっても、素直に聞く耳を持てないときも多々ありました。「この方法が一番効率が良いと私は知っています」、「そんなことは言われなくても実践しています」など、意固地になっていたところもあるかもしれません。でも、40代を目前に控えて、自分が若い女性達から人生の〝先輩〟と呼ばれる年齢にさしかかり、サロンで働いてくれている若いスタッフに指導をするうちに、これまで諸先輩方から声をかけていただいたことのありがたみをしみじみと感じるようになりました。

サロンの経営を成り立たせるために自分ひとりで頑張っていたつもりでいたけれど、それさえもすべてひとりよがりの勘違い。スタッフやお客様、友人、家族……すべての人たちの優しさに見守られて、今の私があるのだと思います。そのことに気づいてから、これまでよりずっと心が柔軟になり、誰かの助言に素直に耳を傾けられるようになりました。そうすることで、自分の中になかった素晴らしい価値観にもたくさん出合うことができました。誰かと一緒に生きて、一緒に成長できることが本当に幸せで、感謝の言葉しかありません。ありがとう。

Q. おうちでのフットケア方法が知りたいです。

お風呂でしっかりふやかしてから、角質取りで固くなった部分を削っています。KOBAKO のお花型のものが手に持ちやすくて愛用しています。また、ボディクリームではなく専用のフットクリームを使っていますよ。

Q. 肌が薄く敏感で、肌の水分量がすごく少ないので、
油分のクリームはつけすぎるとかゆくなりプツプツに・・・。
なのに毛穴やほうれい線が目立ち、気になります。肌が薄くて弱くて水分量が少ない人のスキンケアを教えてほしいです！

敏感肌の方は、肌のバリア機能を強化することが 1 番大事。セラミド入りの化粧品を使ってみてください。

Q. 目のシワ対策を教えてください。

目元にはアイクリームよりもジェルタイプや乳化タイプの美容液を使うようにしています。あまりこってり重いクリームはかえって目元がたるむ気がします。

Q. いつも使っているスキンチェッカーはどこのものですか？

Triplesense のものを使っています。

Q. どうしようもなく落ち込んだり、悲しかったりするときの気分転換の方法は？

私は好きなことに没頭することで忘れます。あとはとにかく寝る！

Q. 吹き出物ケアの仕方を教えてください。

私はあまりできないのですが、たまにぽちっとできるときがあります。P.47 を見てくださいね。

Q. 綺麗なフェイスラインをどうやって
維持しているのか教えてください。

肌アイロンを毎日やること。その日できたたるみをその日のうちに取り去ること。欠かさずにやっています。

Q. 美保さんのお嬢さんくらいの年代のスキンケア方法は？

化粧水と乳液だけは使わせています。また、正しい洗顔法を小さい頃から教え、洗顔フォームは界面活性剤のマイルドなタイプでできているものを使わせるようにしています。

Q. たるみをすっきりさせてハリのある顔にするには
どうしたらいいですか？

肌アイロン＋効果的な美容液使い（P.30 〜 31 を見てください）＋巡りの良い身体。

Q. 食事の摂り方、選び方、毎日食べているものと飲んでいるもの、スキンケア、ツヤ肌の作り方、スペシャルケア、カバンの中身、ポーチの中身、お部屋のインテリア……何でも知りたい！（笑）

今回は全部載せきれませんでした（涙）。次回また別の形でご紹介しますね。

Q. 入浴後のボディケアについて教えてください。

化粧水ミスト→ボディオイル→ボディークリームの順につけています。

Q. リフトアップできる頭皮マッサージの仕方が知りたいです。

こめかみから頭頂部に向かって顔を引き上げるようにマッサージしたら、頭頂部から後頭部を通って首の後ろに向かってマッサージ。老廃物を流すイメージで行っています。

Q. 肩と首が前にでがちなので対処法があれば教えてください。

私も仕事柄、これはずっと悩みです。肩が内側に丸まる姿勢を取り続けた後は、肩を後ろに回したり、手を後ろで組んでストレッチするなど、マメにするようにしています。また、骨盤が歪んでいることが多いので、骨盤矯正をしたりもします。

Q. にきび跡をなくす方法は？

凸凹しているならピーリング、色素沈着ならピーリング＋美白ですね。深刻なにきび跡ならばやはり美容皮膚科でじっくり治すことをオススメします。

Q. 肌アイロンを動画で見たい！

これはいつかやりたいと思っています。待っていてくださいね。

Q. 美肌の秘訣は？

保湿・摩擦を避ける・紫外線を避ける・栄養バランス。

Q. ひとなで洗顔の仕方、
小鼻の角栓の対処法を教えてください。

ひとなで洗顔は、ショートケーキのスポンジにクリームを塗るイメージで。小鼻の角栓は絶対に押し出してはダメです。まずは鼻回りの皮膚を柔らかくすることに徹底しましょう。鼻の皮膚をゴシゴシこすると毛穴が固く広がったままになってしまい、エンドレスに角栓がたまってしまいます。

Q. コラーゲンドリンクを摂るベストタイミングは？

夜寝る前。ビタミン C と一緒に摂るようにしています。

Q. ヘアアレンジの how to が知りたい！

簡単なものですが、P.96 〜 97 を見てくださいね。

Q. 洋服のコーディネートが見たいです！

Instagram に載せますね。

Q. 目のシワを作らない秘訣やキメの細かさを保つ秘訣は？

優しく摩擦を避けて触ること、でシワを作らないだけでなく、シワが減り、キメの細かい柔らかな肌になれますよ。

Q. 仕事のためにゲンかつぎをしていることはありますか？
また、美保さんなりの成功するルールとは？

ゲン担ぎとかは何もしないんです（笑）。成功しているとはまだまだ思えていませんが、ひとつ挙げるとすれば、なりたい方向に強く願う・念じるということはしています。叶えたいイメージが具体的で明確であればあるほど、必ず夢ではなく現実になると思います。

Q & A

Instagramでみなさんからいただいた質問にお答えさせていただきます。ありがとうございました。

Q. 美肌のために一番気をつけていることは？
あらゆる行為の中で摩擦を避けること。

Q. 食事や生活習慣で特に気をつけていることは？
何事もきちきちなルールで縛りつけないようにしています。

Q. お金をかけずにできる美肌を保つ方法は？
日焼けに気をつけることから始めてみましょう。

Q. ファンデーションは何を使っていますか？
季節ごとになりたい質感を求めた新作にチャレンジするようにしています。 P.58を見てくださいね。

Q. 化粧水のつけかた、肌アイロンの仕方と注意点、下地の作り方とファンデの塗り方、チークの入れ方を教えてください。
P.34, 60, 66を見てくださいね。

Q. 脚のマッサージに使うアイテムと方法は？
ポールシェリーのリンパハーバルオイルとルルドビオを使っています。仕事中にリファでゴロゴロするときもありますよ。

Q. ツヤ肌の作り方が知りたい！
P.60を見てくださいね。

Q. 正しいコンシーラーの使い方を知りたいです。
コンシーラーは最近使わないことが多いのですが、また別の機会にタイプ別使い方のコツをご紹介しますね。

Q. スキンケアの効果を最大限に引き出すための細かなポイントやコツが知りたいです。
P.34を見てくださいね。

Q. メイクの落とし方が知りたい！
メイク落としはスキンケアの中で最も大事なプロセスと考えています。P.23を見てくださいね。

Q. 汚れをきちんと落としてうるおいが落ちすぎない洗顔方法を教えてください。
洗顔も同じくスキンケアの中で最も大事なプロセスです。P.23を見てくださいね。

Q. ベースメイクのやり方や使っている商品を細かく教えてください。
私が最近使っている愛用のコスメたちをドドンと載せました。P.58を見てくださいね。

Q. できてしまったほうれい線や目のシワがこれ以上濃くならないように気をつけていることは？一度刻まれたほうれい線をなくすことはできないのでしょうか…
肌アイロンでなくせます。P.34を見てくださいね。

Q. たるみ毛穴、くすみが改善して毛穴レス、肌ツヤがでる方法はピーリングが一番ですか？効果が早くでる方法を教えていただきたいです。
たるみ毛穴はまたケアの仕方が変わります。乾燥やダメージで開いた毛穴やくすみはピーリングが効果的ですよ。たるみ毛穴に関しては、リフトアップ用の美容液を使った肌アイロンでまずたるみを改善することをオススメします。

Q. 目の周りのくすみの改善方法を知りたいです。色素沈着を治したい！
目の色素沈着は摩擦によってできてしまっていることがほとんどです。こすらないケアを徹底してみてください。

Q.1日の保湿対策を時系列で知りたいです。
P.106～107を見てくださいね。

Q. 産後、自分にかける時間がなくなってしまいました。時短のスキンヘアやメイクについて教えてください。
最小限でオールインワンゲルを使われる方が多いかと思うのですが、オールインワンゲルの後にクリームでフタをしてあげるといいですよ。また、最近は優秀なBBクリーム・CCクリームが多いので、上手に使えば時短になるかと思います。

Q. 洗顔後以外の保湿方法、ミストの使い方が知りたいです。
P.106を参考にしてみてくださいね。

Q. 美保さんの目の周りのメイクが崩れないのはなぜ？目の周りのベースメイクを教えて！
目周りのメイクの崩れは、もともとその人が持っている肌の油分と目の形が原因だったりします。粉タイプ・ペンシルタイプで崩れてしまう方は、崩れにくいリキッドアイライナーやジェルアイライナー、リキッドタイプのアイシャドーをオススメします。P.71を見てくださいね。

Q. 今のサロンを経営するまでのストーリーを教えてください。
娘が幼稚園に入ってから、自宅で紹介制のまつげエクステサロンをやるようになり、その1年後に麻布十番でマンションサロンを1人でやっていました。その後、4か所移転しながら、エクステだけでなく、ネイル・エステと広がって10年。現在に至ります。

Q. メイクオフや汚れ落としのコツをお願いします。

P.23 を見てくださいね。

Q. 起業する上での決意や仕事に対する信念があれば
教えてください。

小さい規模でもいいから長く続けられる自分の器でできる精一杯をし続けようと心して起業しました。人が喜ぶこと、幸せになることを考えて常に仕事をする人間でありたいと思っています。

Q. 食事面はどのようなことを気をつけていますか？

腹６分目にして食べ過ぎないことを気をつけています。おなかが苦しい……というような食事の日は年に１～２回ぐらいです。詳しくはP.82 ～ 85 を見てくださいね。

Q. ひどい乾燥や花粉シーズンの対策を教えてください。

花粉や汚染物質が直接肌に当たらないようにベースメイクをきっちりして、帰宅後にすぐにメイクオフをすることをオススメします。ひどい乾燥は、体の中から体質を変えないとコスメだけではどうにもできない場合がありますが、良質なオイルをいつもより多く毎日摂取するようにして肌質を改善させたお客様がたくさんいらっしゃいます。取り入れてみてくださいね。

Q. 敏感肌にオススメの化粧品をアイケアを教えてください。

刺激に弱い敏感肌の方は、いろいろと機能的な成分がたくさん入っているものを避けたほうがいいですね。セラミド入りで無香料のものをオススメします。サロンでオススメしているETVOS のモイスチャライジングシリーズは敏感肌の方にも評判です。

Q. オススメのボディケアアイテムを教えてください。

P.101 を見てくださいね。

Q. 肌トラブルが起きたときの対処法は？

P.46 ～ 47 を見てくださいね。

Q. 目鼻立ちをくっきり見せるメイクの
コツやスキンケア法は？

鼻梁に入れるハイライトが効果的です。P.64 を見てくださいね。

Q. 一気に老けた印象になってしまう目の下のくぼみ、
凹みが気になります。どうしたらいいですか？

肌アイロンで、まずは目の下の老廃物をこめかみに流すことを毎日やってみてください。強いとかえってたるませてしまうので、小指と薬指だけを使って、力が入らないように行ってくださいね。

Q. 夕方になると目の下のクマが気になります。
お化粧直しの際にオススメのハイライトや
ラディアントグローなどがあれば教えてください。

クレ・ド・ポーボーテのレオスールデクラ 15 番か、SUQQU のフェイスアップブライトパウダーがオススメです。

Q. 肌の中でも特に口周りの肌トラブルを防ぐ
オススメの美容法や食事はありますか？

口周りは内臓と直結しています。胃腸が疲れていると出やすい方は、腹６分目を心がけてみるといいかもしれません。また、口周りにニキビや吹き出物が出やすい方は、日常で無意識に口周りに手が触っていることが多いように見受けられます。触らないようにすることで、雑菌が毛穴に入って炎症を起こすのを防げるので試してみてください。

Q. 美保さん独特の下アイラインの引き方の手順を教えてください。

もはや私のトレードマークになっていますね（笑）。これはオープンウィングというやり方なのですが、P.71 を見てくださいね。

Q. メイク直しの仕方やタイミングを教えてください。

崩れる前にスプレーをすることで、メイク直しは１日いらなくなります。私は３～４時間おきに化粧水スプレーをメイクの上からたっぷりかけていますよ。

Q. 落ちないリップメイクのコツは？

塗った後、一度ティッシュで押さえて、さらにもう１度塗り重ねること。

Q スタイル維持の秘訣は？

脚を出す。もたっとしたシルエットの服を着ないということぐらいかな。その緊張感でどうにか保てているような気がします。ですが、さすがに筋肉が落ちてきているのが顕著なので、今年はトレーニングをして体を引き締めます！！！！！見ていてください！！！！！

Q. オススメの美容クリニックメニュー（注射やレーザー）は？

YS クリニックのレーザーフェイシャルを２年以上継続しています。お肌のハリと透明感がなくなったときに。月１ペースが理想です。あとは疲れたとき、陽に浴びてしまったときに、超高濃度ビタミンＣ点滴を打ってもらったりします。

Q. 本を出そうと思ったきっかけは？

今年で 40 歳になるので、今までの経験や、お客様を通して知ったことをまとめて皆様のお役に立てたらと思いました。

Thank You.

Q. 目の下のたるみと頬のコケに悩んでいます。
良い解消方法はありますか？

30 歳を過ぎたあたりから女性はコラーゲンの減少が目立ち始めます。コラーゲンを修復するコスメや高周波によるコラーゲン再生をオススメします。

Q. シミ、にきび跡、クマ、肌のキメの粗さを隠すメイク術は？

コンシーラーと肌をソフトフォーカスさせるパウダーを上手に組み合わせてください。どちらも SUQQU がオススメです。

Q. メイクをして時間が経つと顔がくすんで
暗くなってしまいます。
何か良い対処法がありますか？

顔の明るさをキープするピンク色の下地をオススメします。また、首の血流の悪さで顔がくすむこともあるので、カイロなどで仕事の合間に少し首回りを温めるといいですよ。

Q. オススメのピンクチークがあれば教えてください。

チークは大好きでたくさん持っていますが、今戦力のものをご紹介しました。P.68 を見てくださいね。

Q. 美保さんのジュエリー使いが好きです。
お持ちのジュエリーを見せてください！

ごちゃごちゃしてしまっていますが、いつも使っているジュエリーケースをそのまま載せていただいたので、P.102 を見てくださいね。

Q. 美保さんの美白スキンケアを知りたいです！

美白は私の永遠のテーマ !!　P.36 を見てくださいね。

Q. 二重で濃い顔です。アイシャドウに華やかな色を
持ってくるとケバくなってしまいブラウンメイクばかりです。
水色やピンクを持ってきても
ケバくならない方法が知りたいです。

二重がくっきりでもともとのお顔立ちがはっきりしている方は、上まぶたは明るさと透明感を出すだけに留めて、ポイントになるピンクや水色を下まぶたに持ってくるといいですよ。P.71 に下まぶたメイクのやり方を載せているので、見てくださいね。

Q. 一重でつり目です。そんな人向けのアイメイクが知りたいです。

下まぶたの目尻ラインが絶大な効果を発揮します。一重の方でもデカ目効果があり、つり目さんならば、目尻ラインを下に下げめに描くといいですよ。

Q.20 代の頃からしておくべき美容法を教えて欲しいです。

1 年中 UV カットをする。肌を柔らかく保つために、正しい洗顔法を心がけてください。肌が柔らかくキープできていれば、30 歳になっても 40 歳になっても毛穴開きやシワとは縁遠くなれますよ。

Q. ファンデーションの色選びの仕方を教えてください。

P.56 を見てくださいね。

Q. シミやソバカスのケアの仕方が知りたいです。
サプリや化粧品など。

美白コスメは根気が必要ですが、2 つ目 3 つ目のリピートで確実に薄くすることができる「効く」コスメがちゃんとあります。そんなに気長にできない、という方はレーザー治療で消してしまうのもありかと思います。

Q. 美保さんの 1 日で美容ケアを加えるアイテムや
時間帯が知りたいです。
美肌のために毎日欠かさず摂っている食材は？

美活タイムスケジュールは P.106 〜 107 を見てくださいね。毎日欠かさず摂っているのは酵素(ドリンク) と豆類・ナッツ類・夜ごはんに必ず動物性たんぱく質（豚か鶏）です。

Q. 首のシワを取るマッサージやグッズが知りたい！

グッズは使わず、私はすべて自分の手をケアに使っています。詳しくは P.40 を見てくださいね。

Q. 動画でスキンケアのプロセスが見たいです。

ありがとうございます。動画で見れたほうがよりわかりやすいですよね。お見せできるようチャレンジしてみますね。

Q. 季節ごとのスキンケア方法を教えてください。
午後になるとむくみや乾燥も気になるので、
朝の状態をキープする方法も教えてください。

真冬と真夏を迎えた後に、肌はダメージを受けて弱ります。そのときに立て直しケアや保湿をしっかりすることを意識してください。午後のむくみや乾燥は水分不足もあるのではないでしょうか？ お水をこまめに口にすることと、瞬間的にむくみが取りたい場合は炭酸ミストをオススメします。

Q. 普段食べているもの（夜遅い時間の食事）や
普段使いの調味料が知りたい！

ごはん以外におなかが空いたときに口にして罪悪感のないもの、なおかつおいしいものをご紹介しています。P.83 を見てくださいね。

Q. 左右の目の形、大きさ、二重幅がまったく違うのですが、
対照的に見せるメイクが知りたいです。

私も以前は目の左右差を気にして、エクステの長さを左右で変えたりするほどに細部にこだわっている時期がありましたが、人は誰しも顔の左右は非対称なので、動いているリアルの部分では実はそんなに気にする必要がないのでは……と思うようになり、あまりメイクやエクステで左右差を縮めることをしなくなりました。非対称が魅力的な場合もあります。ただし、静止画の写真だとどうしても左右差が気になってしまうので、私はメイクではなく自分の筋肉で小さいほうの目を大きくしたりしています。訓練が必要ですが、やっているうちにできるようになりますよ。

Epilogue

「女性は何のために美しくなろうとするの？」
「みんな、何をモチベーションにスキンケアやメイクをするの？」

私はサロンのお客様や周りにいる方々を通して、いくつになっても美しくあり続ける女性は決して〝モテる〟ことや女性同士の牽制のためではなく、もっと前向きな理由……すなわち、自分自身が豊かに心地良く生きるために美を磨いていることに気づかされました。そのことに気がついてからというもの、私自身もスキンケアやメイクに一層楽しく取り組めるようになり、いつしか「美容」は私の人生において、切っても切り離せないものとなりました。日々、綺麗を積み重ねていくことで見た目と中身がリンクして、私自身が磨かれていく。そんなふうに思えたら、若い頃はあんなに怯えていた年齢を重ねていくことがなんだか楽しみにさえなってきたのです。

この本は、手にしていただいた皆様に、前向きに、楽しみながら毎日を美しく過ごしてもらえたら、という想いで書きました。自分磨きの壁にぶつかってしまったときはもちろん、人生にふと立ち止まってしまったときや前に進むのがつらくなってしまったときに、この本のことを思い出していただけたらうれしいです。この本を手にしてくださった皆様、本当にありがとうございます。

そして、この本を作ろうとものすごい情熱で私の背中を押してくださった、小寺さん。私の伝えたい言葉を心から汲み取って文章にしてくださった、石橋さん。私のいつも以上の美しさを引き出してくださった、熊木さん。私の大切なものたちを素敵に撮ってくださった、石沢さん、梶田さん、吉岡さん。私のイメージをそのままにデザインしてくださった、月足さん。私の大変な髪の毛を一本たりとも妥協しないでお世話してくださった、大野さん。そして、いつも私を支えてくださる、周りの皆様。本当にありがとうございました。

最後に、私の母と私の娘に。いつもなかなか口では言えないけれど、この場を借りて、ありがとう。

石井 美保

SHOP LIST

（ア）

IML
0120-788-433

アクシス お客様相談室
0120-330-151

アクセーヌ
0120-120783

麻布野菜菓子
03-5439-6499

ADDICTION BEAUTY
0120-586-683

アナスタシア
06-6376-5599

AMATA
03-3406-1700

アラミック
072-728-5150

RMK Division
0120-988-271

アルビオン
0120-114-225

アルファネット
03-6427-8177

アルロン・ジャパン
0120-57-9012

アンプルールお客様窓口
0120-987076

イー・エフ・インターナショナル
03-5775-3288

イグニス
0120-664-227

イプサお客さま窓口
0120-523543

イミュ
0120-371-367

インターパイロン
03-3568-3480

ヴィセラ・ジャパン
03-6433-5571

ヴェレダ お客様相談室
0120-070-601

エイタブリッシュ
03-6753-3316

エール
03-6435-0113

エスト
0120-165-691

エテュセ
0120-074316

エトヴォス
0120-0477-80

MiMC
03-6421-4211

エリザベス
03-3262-4061

エレガンス コスメティックス
0120-766-996

オビアス
03-3478-0368

（カ）

Girls,be Ambitious
092-852-2120

貝印 お客様相談室
0120-016-410

花王ソフィーナ
0120-165-691

カネボウ化粧品
0120-518-520

カネボウ化粧品（トワニー）
0120-108281

カバーマーク カスタマーセンター
0120-117133

キング製菓
http://www.king-seika.com

クラランス
03-3470-8545

クリニークお客様相談室
03-5251-3541

グローリー・インターナショナル
0120-195-878

ゲランお客様窓口
0120-140-677

興和 お客様相談センター
03-3279-7755

ここく
http://cococu.jp

コスメデコルテ
0120-763-325

（サ）

サンソリット
0120-723-021

シスレージャパン
03-5771-6217

資生堂
0120-30-4710

シュウ ウエムラ
03-6911-8560

ジョージオリバー
03-3505-7853

シンシア・ガーデン
03-5775-7370

シンプリス
0120-370-063

SUQQU
0120-988-761

THREE
0120-898-003

（タ）

第一三共ヘルスケア お客様相談室
0120-337-336

大和製薬
0120-706-374

竹宝堂
082-854-0324

ティー エー エー
03-5428-3488

DEAN & DELUCA 六本木
03-5413-3580

テネリータ
03-6418-2457

ドゥ・ラ・メール
03-5251-3541

常盤薬品工業 お客さま相談室
0120-081-937

ドクターケイ
0120-68-1217

トム フォード ビューティ
03-5251-3541

（ナ）

日本スイス・パーフェクション
0120-575-269

（ハ）

HACCI
0120-1912-83

パナソニック
[お客様ご相談センター]
0120-878-365

バーバリー 化粧品お問い合わせ窓口
0120-77-1141

パルファム ジバンシイ
[LVMH フレグランスブランズ]
03-3264-3941

パルファン・
クリスチャン・ディオール
03-3239-0618

ビーバイイー
0120-666-877

ビオクラ食養本社
0551-20-5322

Boots
http://www.boots.com

FELICE TOWAKO COSME
0120-35-1085

PLAZA カスタマーサービス室
0120-941-123

プロスペリティ株式会社
0120-820-552

ベキュア お客様相談室
0120-941-554

Belle Vie
http://www.belle-vie.com

ヘレナ ルビンスタイン
03-6911-8287

ポーラお客さま相談室
0120-117111

宝泉堂
075-781-1051

（マ）

まんてん
0120-37-5017

宮本邦製菓
http://www.reijinmame.com

メイベリン ニューヨーク
お客様相談室
03-6911-8585

メルシス
0120-343-432

（ヤ）

ユニリーバ お客様相談室
0120-500-513

（ラ）

ラ・プレリー ジャパン
0120-223-887

ランコム
03-6911-8151

レ・メルヴェイユーズ ラデュレ
0120-818-727

Miho Ishii
石井美保

トータルビューティーサロンRiche(http://www.riche-salon.com/)主宰。
麻布十番にまつげサロンを10年経営し、アイリストの育成の傍ら、
豊富な美容知識を生かしたメイクレッスンや
美容カウンセリング、パーソナルコンサルティングなどを行う。
エイジレスな美貌と底なしのコスメの知識を持ち、幅広く活躍中。
プライベートでは中学生の娘を持つ母親でもある。

Blog http://ameblo.jp/riche-miho
Instagram @MIHO_ISHII

STAFF

写真: 熊木優(model)
石沢義人(still)
梶田麻矢(still,p.86、95、121)
吉岡真理(still,p.106、107)

ヘア: 大野朋香[AIR]

デザイン: 月足智子

本文執筆: 石橋里奈

マネジメント: 森田桂子[amuse]

編集: 小寺智子

編集アシスタント: 小林麻衣子

special thanks: HANAE MORI

※本書で紹介しているコスメに関する記述は、著者自身の見解によるものです。
使用方法などにより、効果・感じ方には個人差があります。

石井美保のBeauty Style

2016年3月28日 第1刷発行

著 者 石井美保
発行人 蓮見清一
発行所 株式会社 宝島社
〒102-8388 東京都千代田区一番町25番地
電話 編集:03-3239-0926 営業:03-3234-4621
http://tkj.jp
振替 00170-1-170829 (株)宝島社
印刷・製本 日経印刷株式会社

ISBN 978-4-8002-5247-0